EL TERCER ACTO D...

UNA GUÍA PARA ENVEJECER
CON DICHA Y SABIDURÍA

Lewis Richmond

El tercer acto de tu vida

Una guía para envejecer
con dicha y sabiduría

URANO

Argentina – Chile – Colombia – España
Estados Unidos – México – Perú – Uruguay – Venezuela

Título original: *Aging as a Spiritual Practice*
Editor original: Gotham Books, Published by Penguin Group (USA) Inc.
Traducción: Marta Torent López de Lamadrid

1.ª edición Junio 2012

ISBN: 978-84-7953-818-7
E-ISBN: 978-84-9944-273-0
Depósito legal: B-14.897-2012

Fotocomposición: Moelmo, S. C. P.
Impreso por: Rodesa, S. A. – Polígono Industrial San Miguel
Parcelas E7-E8 – 31132 Villatuerta (Navarra)

Impreso en España – *Printed in Spain*

Para Amy, mi mujer, a quien se le ocurrió la idea

Índice

Un día de retiro

Prólogo

El envejecimiento, especialmente las limitaciones que supone hacerse mayor, ha sido siempre fuente de material de carcajada asegurada para los humoristas. En la actualidad hay un prolífico despliegue de tarjetas de felicitación que se comercializan por categorías: «cumpleaños», «personas mayores» y «divertidas». Sólo he visto una realmente divertida, que dice así: «¡Hacerse mayor no es para blandengues!» Tiene gracia porque cualquiera diría que envejecer es una opción, como si la gente que no se considera heroica debiera rechazar esa posibilidad. No obstante, al margen de su ambigua formulación, el mensaje básicamente es válido. Envejecer con dignidad y con orgullo es un reto.

Mi amiga Beatrice se fue a vivir a un centro tutelado a los noventa y cinco años. Me escribió diciéndome: «Aunque todavía puedo dibujar, me fallan mucho las piernas y necesito estar aquí. Me encantaría que vinieras a darnos una clase de atención plena, a mí y a otras amigas. A todas nos cuesta adaptarnos a nuestra nueva situación». La historia de esa clase que di no tiene importancia ahora salvo para decir que me quedé con esta frase: «Nos cuesta adaptarnos a nuestra nueva situación».

Buda enseñó que la vida es un reto para todos debido a la

naturaleza en constante cambio de nuestra experiencia. Cuando nos amoldamos a una situación, las circunstancias cambian. En la misma época en que Beatrice se fue a vivir a un centro tutelado, mi nieta pequeña, tras dos años de guardería, comentó que le preocupaba empezar el parvulario. «No sabré dónde dejar la bolsa del almuerzo», decía. «Ni dónde colgar el abrigo.» Pensé entonces que nos pasamos la vida adaptándonos siempre a situaciones nuevas.

El quid de las enseñanzas de Buda es que la serenidad es posible en cualquier circunstancia en la que uno se encuentre. Con suerte, durante la mayor parte de nuestras vidas, la salud, el vigor y las perspectivas de futuro ayudan a la mente a adaptarse a los desafíos. Podemos soportar los retos, hacer inteligentes cambios en nuestro estilo de vida, nuestras relaciones o nuestro trabajo, y esperar con ganas que lleguen tiempos menos estresantes. Podemos adaptarnos sin la desagradable sensación de necesidad imperiosa de que hay que cambiar lo que sea ya, porque la mente concibe que tiene tiempo.

Para mí, el desafío de adaptarme al proceso de envejecimiento es distinto a cualquier desafío al que me haya enfrentado en el pasado porque, a pesar de que aún gozo de buena salud, soy muy consciente de que se me va el tiempo. Doy las gracias por la poca o mucha ecuanimidad que me haya proporcionado mi práctica espiritual, pero muchos de mis amigos están enfermos y algunos han muerto hace poco. Me gustaría tener más fuerza y valor de los que tengo para poder estar incondicionalmente al lado de mis amigos enfermos. Quiero que los atardeceres, los tulipanes, las sinfonías y las buenas películas sigan nutriéndome bastante para continuar siendo una alegre compañera para familiares y amigos. En mis ejercicios de gratitud he cambiado la frase «que tenga salud» por «que tenga fuerzas», así podré decirla hasta el último día de mi vida.

Este libro es una magnífica guía para envejecer con elegancia. Las reflexiones contemplativas que contiene son sumamente conmovedoras. No sólo espero que lo leas, sino que además adoptes sus herramientas como parte de tu práctica espiritual. En el presente tengo un deseo que me surgió de una historia que me contaron hace tan sólo unos años acerca de una maestra zen, una persona de la que yo había oído hablar pero que nunca conocí personalmente, que acababa de morir. Dicen que sus últimas palabras fueron: «Muchas gracias. No tengo queja alguna».

La gratitud, sin quejas, es la actitud que me gustaría adoptar, no sólo al final de mi vida, sino de ahora en adelante.

¡Que así sea para todos!

SYLVIA BOORSTEIN

Envejecer con sabiduría

INTRODUCCIÓN

Envejecer con sabiduría

Este libro es un manual de usuario para envejecer bien. No es un libro que hable de dietas ni ejercicio, ni de crucigramas o consejos para potenciar la memoria. Esos libros ya están escritos y ofrecen muchas cosas valiosas y útiles. Éste es diferente. Aborda el envejecimiento desde una perspectiva espiritual.

Soy sacerdote budista y profesor de meditación, y desde hace décadas la práctica espiritual es el centro de mi vida y mi trabajo. Si tú también eres budista, entonces muchas de las reflexiones contemplativas y lecciones espirituales de las que escribiré te resultarán familiares, aunque la aplicación que aquí haremos (en beneficio del proceso de envejecimiento) será distinta. Y si eres cristiano, judío, musulmán, hindú o de cualquier otra religión, o no profesas adhesión religiosa alguna, creo que estas reflexiones también te dirán algo y te serán útiles.

Como sesentón, no soy un observador pasivo. Este viaje del envejecimiento también es *mi* viaje. Comparto muchos de los miedos e inquietudes de este proceso (al igual que las alegrías y recompensas). He tenido que lidiar con la enfermedad y la muerte de mis padres, el repentino fallecimiento de amigos más jóvenes que yo, con mis graves enfermedades, la pérdida del vigor

juvenil y de la sensación de tener ante mí posibilidades infinitas...
Experiencias que quizá te resulten familiares. Éste es un sendero
que recorremos todos juntos. Es el camino que debemos tomar
quienes hemos tenido la fortuna de vivir tanto tiempo.

Las semillas de *El tercer acto de tu vida* se plantaron cuando
empecé a buscar maneras de conectar mi vida espiritual budista con mi propia experiencia del envejecimiento. Encontrar este
tipo de conexión es algo que ya había hecho con anterioridad.
Hace doce años, cuando era ejecutivo de una empresa, analicé
mi entorno laboral, observé los problemas que mis colegas tenían para sobrellevar la incertidumbre y el estrés, y me pregunté
si la meditación budista podría ayudar a la gente (servidor incluido) a transformar sus experiencias laborales.

De esa pregunta elemental surgió mi primer libro, *El trabajo
como práctica espiritual: un camino budista para el crecimiento
personal y profesional*, publicado en 1999. En él ofrecí diversas
meditaciones budistas para abordar problemas comunes del lugar de trabajo: estrés, ritmo, conflictos emocionales, poder, preocupaciones y estancamiento. Este libro está estructurado de otra
forma, pero también adapta diversas prácticas espirituales al fe-
nómeno del envejecimiento, con lo que ofrece a los lectores un
método para envejecer bien.

Mientras escribía este libro empecé un *blog*. Lo curioso de los
blogs es que tienes que escribir algo, y periódicamente. Ese impe-
rativo me fue útil para arrancar. Mi primer *post* se titulaba «Todo
cambia, todo envejece», y volviendo la vista atrás aún creo que
fue el punto de partida adecuado; al fin y al cabo, tal como aprendí de uno de mis maestros budistas, Shunryu Suzuki, el budismo
también parte de ahí.

En cierta ocasión, al término de una conferencia, alguien le
preguntó a Suzuki (todos lo llamábamos «Roshi», que significa
«viejo maestro»):

—Roshi, has hablado de un montón de cosas sobre el budismo, pero, francamente, no he entendido nada de lo que has dicho. Dime una sola cosa del budismo que de verdad pueda entender.

Suzuki esperó a que las carcajadas nerviosas cesaran y luego dijo tranquilamente:

—Todo cambia.

Entender esta enseñanza como un hecho intelectual no es difícil, porque la aprendemos de forma natural, la vivimos. Pero emocionalmente significa que todo aquello que amamos y nos importa (por ejemplo, la familia, los amigos y hasta nuestro preciado yo) cambiará, se transformará y con el tiempo desaparecerá. Ésa es la primera verdad de las enseñanzas budistas, y también la primera verdad del envejecimiento.

A primera vista esta idea quizá parezca deprimente, pero el proceso de transformación (el envejecimiento y sus logros) puede ser muy positivo, con nuevas posibilidades, insólitos comienzos, una profusa valoración y una profunda gratitud que incida hondamente en el curso de nuestras vidas. Estos aspectos positivos del envejecimiento, a menudo fascinantes, son los que quiero compartir contigo en estas páginas. He hablado con muchas personas a las que, sin rechazar necesariamente el envejecimiento, no les gusta pensar que se hacen mayores. Es probable que piensen en ello (y mucho), pero que no sepan cómo enfocar la cuestión con dignidad y elegancia.

A partir de determinada edad no necesitamos que nadie nos convenza de que envejecemos y de que ello entraña sus dificultades. Eso lo sabemos todos. Pero ¿cómo podemos hacerlo de la mejor manera posible para tener el mejor de los finales? Este libro ofrece un mapa de carreteras interior para envejecer, un mapa que se inspira en mis numerosos años como líder espiritual; un mapa que se replantea el envejecimiento no como una época de declive, sino de realización, de la que, pese a indignidades puntuales, se puede disfrutar.

Cuando en uno de los primeros *posts* de mi *blog* usé por primera vez en la misma frase las palabras «disfrutar» y «envejecer», retrocedí a los comienzos de mi formación espiritual, cuando estaba aún en la veintena. Había ido a un pequeño templo budista de una concurrida calle de San Francisco para asistir a una conferencia de Shunryu Suzuki. En aquella época Suzuki era un sexagenario, y la mayoría de los presentes en la sala tenían entre veinte y cuarenta años.

En la ronda de preguntas y respuestas alguien preguntó:

—¿Por qué meditamos?

Suzuki soltó una carcajada y respondió:

—Para poder disfrutar de la vejez.

Nos reímos con él. Pensamos que bromeaba. Ahora me doy cuenta de que estaba siendo sincero. Había pasado todo el invierno anterior enfermo y meses más tarde todavía tosía y resollaba. Físicamente no se encontraba bien y, sin embargo, todo su porte irradiaba satisfacción. Saltaba a la vista que disfrutaba de su avanzada edad.

Ahora creo que, en realidad, Suzuki estaba revelándonos un gran secreto; un secreto que los jóvenes verdaderamente no pueden entender: que es posible hallar gozo en el don de cada instante y cada respiración, incluso en medio de las tribulaciones.

No mucho tiempo después de aquella conferencia Suzuki falleció. Fue sólo entonces, a medida que afloraron los detalles de su vida, que descubrimos que ésta había estado sembrada de tragedias. Y, sin embargo, él no lo exteriorizaba ni se dejaba hundir por ello. Afrontaba con bondad y sonrisa fácil lo que la vida le deparaba. Su ejemplo ha sido la inspiración de toda mi vida y la piedra angular de la redacción de este libro. Muchos de los ejercicios contemplativos aquí descritos me los enseñó él. Creo que hasta las enseñanzas que he extraído del cristianismo y del judaísmo proceden de la misma fuente de sabiduría universal que Suzuki encarnaba.

Así que escribí en mi *blog* acerca del gozo de la vejez, y ya no paré. Después de recibir numerosos comentarios elogiosos y reveladores de los lectores, acabé entendiendo que la gente experimenta el envejecimiento de muy diversas formas. Algunos *blogueros* llevaban bien su propio proceso y buscaban maneras de navegar por él con más pericia. Otros eran escépticos. Una nonagenaria comentó: «Jovencito, yo no soy vieja. Lo del envejecimiento es un mito. No sé para qué haces esto». Otros eran mucho más jóvenes. Tuve un comentarista de veintisiete años que escribió: «De repente me he dado cuenta de que me hago mayor».

Para ampliar mis horizontes, me puse a hacer algunos talleres de un día de duración sobre el envejecimiento. Empecé en los centros budistas, donde sabía que los participantes estarían familiarizados con el tipo de prácticas meditativas que enseñaba. En aquellos primeros talleres aprendí una importante lección: que por muy familiarizados que estuvieran los participantes con la meditación, la idea de vincular estas prácticas con la experiencia del envejecimiento les resultaba novedosa y emocionante. Al término de mi primer taller pregunté a los asistentes si les gustaría volver a hacerlo, y todos levantaron la mano.

Poco a poco, *post* tras *post* y taller a taller, los elementos de este libro fueron tomando forma lentamente. Como habrás podido ver en el índice, cada capítulo explora una faceta de la experiencia del envejecimiento. No hay por qué leer los capítulos en orden consecutivo. Si hacerte mayor te desmoraliza, empieza por el cuarto capítulo, «Me gusta envejecer». Si estás de acuerdo con la nonagenaria escéptica que no creía en el envejecimiento, tal vez saques algo en claro en el quinto capítulo, «No me gusta envejecer». Las necesidades e intereses de un lector de cuarenta años difieren de los de la persona de ochenta. Tal como pone de manifiesto el segundo capítulo, el envejecimiento va por etapas e identificar cuál es la tuya quizá te ayude a sacarle al libro el máximo provecho.

Asimismo he incluido dos capítulos que analizan lo que los investigadores científicos, médicos y psicólogos tienen que decir sobre el envejecimiento. Con setenta millones de niños nacidos del *baby boom* que tienen entre cincuenta y setenta años, la investigación del envejecimiento es un campo que está viviendo un bum. Que el ejercicio físico y la alimentación son claves para envejecer con salud no le extraña a nadie; las investigaciones lo demuestran sin margen de duda. Pero tan importante como eso es servir al prójimo, mantener unas relaciones sanas, estar en contacto con la naturaleza y tener una vida espiritual activa (temas centrales de este libro). El envejecimiento interno y el externo van de la mano. Hasta que descubramos la alegría interior de la que hablaba Suzuki, el ejercicio y la dieta por sí solos no bastarán para contentarnos.

Cada capítulo concluye con reflexiones sobre la contemplación diseñadas para cultivar cierta fortaleza, talento o sabiduría con respecto a una dimensión del envejecimiento. Algunas de estas reflexiones se valen del cuerpo y la respiración para trascender los esquemas mentales que tenemos del envejecimiento, y disminuir la inquietud y la pesadumbre. Otras ayudan a generar gratitud, puliendo nuestra capacidad de valoración y enseñando el placer de servir a los demás. La reflexión sobre el simple hecho de «ser» ha sido diseñada para que entremos en contacto con nuestra propia naturaleza divina: el lugar de partida y llegada de toda vida. Los últimos capítulos te ayudan a construirte un «día de retiro» personal: un tiempo para sentarse, caminar, valorar y renovarse.

«Todo cambia», sí, pero esa verdad tiene dos caras. Es cierto que todo aquello que amamos está destinado a cambiar, envejecer y desaparecer. Pero es igualmente cierto que cada instante trae consigo nuevas posibilidades. No debemos permitir que nuestras ideas preconcebidas sobre el envejecimiento nos priven de esas oportunidades. A uno de mis maestros budistas le gustaba decir: «Cada respiración trae nuevas posibilidades». De modo que si decimos que todo cambia, deberíamos añadir también que todo es factible; tal vez especialmente nuestra vejez.

En cierta ocasión, uno de los asistentes a mi taller levantó la mano y dijo medio en broma:

—Tengo cincuenta y ocho años y sé hacia dónde voy; cuesta abajo. A partir de ahora todo va cuesta abajo.

Me quedé pensando unos segundos y le contesté:

—Bueno, no sé muy bien si estoy de acuerdo, pero, aunque tuvieras razón, la verdadera pregunta es: «¿Piensas simplemente dejarte llevar o dirigirás la bajada?»

Espero que este libro te ayude a dirigirte. He intentado poner unas cuantas estrellas en el cielo para ayudarte a navegar. El envejecimiento escapa a nuestro control, pero *cómo* envejecemos depende de nosotros. Te invito a que te unas a mí en este viaje para descubrir y disfrutar al máximo de tu propio envejecimiento.

1

Impacto del rayo

Juventud y vejez

Tendría unos doce años cuando un buen día entró mi padre en mi habitación con un libro en la mano. «Quiero enseñarte una cosa», anunció él, que en aquella época tenía cuarenta y tantos.

El libro era una autobiografía del poeta Robert Graves. En la portada había una fotografía de Graves cuando era joven: cabello oscuro, guapo y lleno de vitalidad y esperanza. Mi padre me mostró la contraportada y me enseñó una fotografía de Graves en aquel momento: pelo blanco, rostro arrugado, ojos apesadumbrados.

«Fíjate en esto», dijo mi padre mientras giraba el libro a uno y otro lado, mostrándome una y otra vez la asombrosa transformación de la juventud a la vejez. «No lo entiendes, ¿verdad?», me preguntó. Tiró el volumen encima de mi cama, se volvió y se fue de la habitación tan repentinamente como había entrado.

Yo no había dicho nada. Percibí la torpeza de mi padre y su patético esfuerzo, pero tenía razón. La verdad es que no lo había entendido, como tampoco fui capaz de entender a Suzuki Roshi cuando hablaba de disfrutar de la vejez. Ahora, a los sesenta y cuatro años, entiendo y agradezco aquel lejano esfuerzo de mi padre. Los viejos comprenden mejor a los jóvenes que viceversa. Mi padre quiso salvar el abismo que mediaba entre la vejez y la juventud, y tocarme con la varita mágica de ese conocimiento fruto del esfuerzo, pero no pudo. Únicamente pudo enseñarme aquellas dos fotografías y desearme lo mejor en mi viaje hacia la adultez.

Cuando Suzuki dijo: «Todo cambia», perfectamente podría haber dicho: «Todo envejece». Eso es lo que mi padre intentó mostrarme.

Porque es algo que intelectualmente sabemos. Sabemos que todo envejece; lo vemos a nuestro alrededor. Durante gran parte de nuestra vida eso es como la casa en que vivimos o el aire que respiramos; un hecho con el que estamos familiarizados y que apenas notamos. Pero a medida que nos hacemos mayores, obviar ese hecho es más difícil. El envejecimiento no es tan sólo cambio, sino un cambio irreversible; nos guste o no. En su día no conseguimos aquel ascenso tan buscado y ahora nunca nos lo darán. O lo conseguimos, ¡y nuestra vida cambió para siempre! Somos pobres. O lo fuimos, pero ahora no lo somos. Tenemos una rodilla mala que ni operando se arreglará. O quizá la operación salió bien y hemos podido decir adiós al dolor con el que llevábamos tanto tiempo conviviendo. Siempre quisimos tener hijos, pero ahora somos demasiado mayores para tenerlos. O adoptamos un niño y nos colmó de felicidad. Sea como sea, nuestra vida está hecha de «cosas que pasaron por casualidad».

Los cambios irreversibles son distintos, porque no hay marcha atrás. Sus triunfos nos fortalecen; sus pérdidas nos marcan. La verdadera pregunta, la pregunta que este libro puede ayudarte a contestar es: ¿qué hacemos con ellos? Hoy en día, en gran parte del planeta la gente vive más tiempo que nunca. A comienzos del siglo xx la esperanza de vida estaba en los cuarenta y cinco años; ahora está en ochenta. Pasar de los ochenta, los noventa e incluso de los cien años es hoy en día una posibilidad real que convierte la cincuentena o la sesentena de años en una época no para relajarse, sino para prepararse, aunque no sepamos muy bien para qué. En muchos sentidos la sociedad no ha asimilado aún estas nuevas realidades vitales, y nosotros tampoco. Es preciso que miremos con nuevos ojos esta posibilidad de una vida más larga y nos preguntemos cómo podemos aprovechar mejor este tiempo de más que nos es regalado.

Yo aventuro como respuesta que el envejecimiento es el momento ideal para cultivar la vida interior: un momento para la práctica espiritual. El porqué de ello quedó capturado en esa imagen del anciano Robert Graves que aún recuerdo nítidamente. El pelo blanco y la cara con arrugas de Graves debieron de sugerirle a mi padre una historia de pérdidas que él ya estaba experimentando con las decepciones de su propia madurez. Pero yo vi algo más, algo que hizo que me entraran ganas de abrir el libro y leer. A mí el rostro del viejo Robert Graves me pareció el de una persona sabia, alguien que sabía algo importante. Quise saber qué era ese algo y cómo lo había adquirido. Conforme fui pasando las páginas y recorrí la biografía de Graves desde la juventud hasta la madurez y finalmente la vejez, me formé una idea de lo que se necesita para tener una vida humana intensa y completa de principio a fin. Y ahora que yo mismo estoy más cerca del final que del comienzo de mi vida, me doy cuenta de que aquella lejana lectura de la historia de Graves fue el inicio de mis investigaciones para este libro.

Este libro trata de la conexión entre el envejecimiento y la práctica espiritual. Ofrece numerosos ejercicios espirituales, sugerencias e ideas para ayudarte a envejecer bien, pero también plantea la premisa de que la experiencia de envejecer es en sí misma el camino que conduce a la práctica espiritual, un camino que trasciende a cualquier religión o fe concretas.

Impacto del rayo

Cuando mi padre irrumpió en mi habitación con el libro de Graves en la mano, creo que lo que quería decirme era que sus sueños juveniles se le escapaban de las manos. ¿Hacía dónde iba? ¿Qué estaba haciendo?

Mi padre, un hombre autodidacta que leía filosofía griega por las noches y reflexionaba profundamente sobre las cosas, había topado con una verdad universal. Son muchas las personas que me han contado la misma versión de su experiencia del envejecimiento, y le he dado un nombre: Impacto del rayo.

El Impacto del rayo es aquel momento en que tomamos verdadera conciencia de nuestro envejecimiento y somos capaces de entender la honda trascendencia que ello tiene en toda nuestra vida, desde el comienzo que no recordamos hasta el final que desconocemos. Hasta ese momento, independientemente de la edad que tengamos, pasamos gran parte del tiempo sin pensar demasiado en el rumbo de nuestra vida ni en su significado global. Pero cuando el rayo impacta, es diferente. Hemos llegado a un punto de inflexión. Dejamos de ver las cosas como nos gustaría que fuesen y, al menos por unos instantes, las vemos como realmente son.

El rayo puede impactarnos de un modo aparentemente inquietante o negativo, como le sucedió a mi padre, o positivo, como le ocurrió a Katherine, de cincuenta y siete años y jefa de gabinete de un político local.

Yo estaba sentado en su salón una tarde de verano, deleitándome en las relucientes hojas de un álamo que veía por la ventana abierta, mientras Katherine, sentada con cierta formalidad en el sofá, contestaba tranquilamente a mis preguntas. Pero cuando le pregunté si había algo del envejecimiento que le gustara o con lo que disfrutara especialmente, se le iluminó la cara y dijo: «¡Mi nieta!»

Para entonces ya había cogido el álbum de la mesa de centro. Pasamos los siguientes minutos echando un vistazo a las nuevas fotografías familiares. Cuando me preguntó si quería que trajera su ordenador portátil para enseñarme más fotos del Facebook, le respondí que no.

Conforme avanzaba la entrevista le pregunté a Katherine si podía explicarme en qué medida el nacimiento de su nieta había influido en su visión del envejecimiento.

Se puso a pensar. «Te parecerá raro», dijo al fin, «pero ha hecho que sienta que mi vida realmente tiene sentido. ¿A que es extraño?» Se echó a reír. «No me sentí así cuando tuve a mis propios hijos, ¡y mira que he conseguido cosas en esta vida!»

Mi padre y Katherine representan las dos caras del envejecimiento: la cara arrugada del anciano Robert Graves y la sonrisa de felicidad de una abuela reciente. La pena y el regocijo son facetas igualmente importantes del envejecimiento. A lo largo de este libro estos dos aspectos aparecerán bajo diversas formas y voces.

Ése fue el caso de Alan y Christina, un matrimonio que tropezó con la espesura del envejecimiento cuando una mañana sonó el teléfono.

Alan y Christina

Los conocí en un acto de recaudación de fondos destinados a un grupo budista al que pertenecían. Era una pareja extravertida y simpática aparentemente ya entrados en la cincuentena. Alan era un hombre alto, de complexión atlética y pelo cano. A los pocos minutos de conversación supe que era profesor de historia en un instituto de secundaria y entrenador de atletismo. Christina, una mujer esbelta de cutis pálido, era una artista local que estaba a punto de inaugurar una exposición en solitario.

Luego me preguntaron a qué me dedicaba yo, y les expliqué que estaba preparando un libro sobre el envejecimiento.

—¿Alguna sugerencia? —les pregunté.

—No —contestó Alan, riéndose con cierto nerviosismo—. Yo aún no lo acepto.

—No nos gusta hablar de eso —añadió Christina.

Enseguida nos pusimos a hablar de otra cosa; eso fue todo lo que hablamos del envejecimiento aquella noche. Sin embargo, me pasé los días siguientes pensando una y otra vez en esa conversación. He ahí dos personas preparadas e inteligentes a las que les incomodaba hablar de un tema importante quizá para ambas. Cuando Christina había dicho: «No nos gusta hablar de eso», sentí una gran curiosidad. Me preguntaba qué habría querido decir.

De modo que me puse en contacto con ellos y les pregunté si podíamos continuar con la conversación. A la semana siguiente estaba sentado en su salón, bebiendo una copa de vino, rodeado de trofeos de atletismo y los brillantes acrílicos de Christina.

—Bueno... —dijo ésta al tiempo que dejaba en la mesa una bandeja con el aperitivo—, ¿cómo se titulará el libro?

—*El tercer acto de tu vida*. Hablará de la vejez y la espiritualidad —contesté.

—Interesante conexión —dijo Christina.

—La parte espiritual ya la tenemos cubierta —comentó Alan—. Los dos meditamos todas las mañanas antes de desayunar. —Se rió entre dientes—. A no ser que me levante tarde. Christina es más constante que yo.

—Nos ayuda a mantenernos jóvenes —explicó ella.

—Por lo menos ésa es la intención —añadió él.

—No es que seamos unos viejos —dijo Christina—. Alan sigue corriendo maratones. Y yo he tenido dos hijos y todavía peso casi lo mismo que cuando iba a la universidad. Pretendíamos ser eternamente jóvenes... hasta que el otro día llamaron a Alan por teléfono —contó la mujer— para decirle que su compañero de cuarto de la facultad acababa de morir de un infarto. Cuando había salido a correr.

—Bill fue uno de los mejores atletas de la facultad —observó Alan—. Batió el récord universitario de los doscientos metros. ¡Cómo pudo pasarle eso precisamente a él!

—Desde que le dieron la noticia Alan no ha podido salir a correr por las mañanas —señaló Christina.

—No exageres —se apresuró a decir él—. Sí que puedo, pero me da repelús. A la mañana siguiente intenté meditar como siempre, pero no paraba de pensar en Bill y sus hijos, y en lo fuerte que estaba físicamente, y en todos los buenos ratos que habíamos compartido.

Nos quedamos los tres sentados un rato en silencio; entonces Christina intervino:

—Mi visión difiere un poco de la de Alan. ¿Sabes que estoy a punto de inaugurar una nueva exposición?

—Sí —contesté—. He visto los pósteres.

—Es mi primera exposición en solitario —continuó ella—. Y ya estoy hablando con gente de Nueva York para exponer allí. Los artistas tenemos que crecer. Pinto mejor ahora que hace diez años. Sigo perfeccionándome y aún tengo la sensación de que no he desarrollado todo mi potencial. No me preocupa envejecer. Siempre y cuando pueda pintar, estoy feliz. Para Alan es distinto. Todo lo basa en su cuerpo. Si un día no corre, se pone de mal humor.

—No me pongo de mal humor —terció él.

—Yo voy en esa dirección —dijo Christina—, pero Alan está centrado en el atletismo.

—¡Claro! —exclamó él—. Es que soy entrenador de atletismo. A mí lo que me importa es un equipo ganador.

—Me da la impresión de que los dos veis el envejecimiento desde dos perspectivas distintas —comenté.

—Supongo que sí —repuso Alan—. ¿Es eso malo?

—No lo sé —contesté—. Pero los dos habéis hablado de ello y sin duda le habéis estado dando vueltas. Hablo con un montón de personas que aún no ha prestado atención al asunto. Al margen de lo que uno piense del envejecimiento, es preciso prestarle atención. La atención es una de las cosas más importantes que enseño.

Prestar atención

La palabra «espiritual» puede significar muchas cosas. Para muchas personas equivale a su fe religiosa. Para otras, es una sensación más generalizada de unión o unidad. Hay quienes me cuentan que su práctica espiritual consiste en andar por la playa o sentarse tranquilamente en el sofá por las mañanas antes de desayunar. Encuestas recientes informan de que el quince por ciento de los norteamericanos (unos cuarenta y cinco millones de personas) no se considera adepto a ninguna religión concreta, pero sí valora y procura que la espiritualidad esté presente en su vida. Eso me indica que la experiencia espiritual es un valor común en los humanos, y cuando lo enseño intento encontrar una definición de la práctica espiritual lo bastante amplia para incluir a todo el mundo.

Es importante prestar atención al envejecimiento porque en

sí envejecer es importante. Lo es. El envejecimiento, al igual que toda práctica espiritual, tiene que ver con los pilares de la vida. Cuando doy clases de meditación para principiantes, a veces empiezo pidiéndole a la gente que me diga una palabra o frase corta que exprese lo que realmente les importa: en otras palabras, sus valores espirituales esenciales. A medida que los presentes en la sala van hablando, la sucesión de palabras empieza a enlazarse formando un hilo; una especie de poema u oración.

FAMILIA

BONDAD

SER BUENA PERSONA

SABER CONDUCIR MI VIDA

AYUDAR A LOS DEMÁS

SABIDURÍA

AFRONTAR EL SUFRIMIENTO

APRENDER A SER FELIZ

DEJAR EL MUNDO MEJOR DE COMO ME LO HE ENCONTRADO

En muchas ocasiones la gente prácticamente me ha dicho las mismas palabras. ¿Por qué debería eso extrañarnos? Estas palabras constituyen los valores espirituales universales. Tal como pone de manifiesto la historia que sigue sobre Ikkyu, un excéntrico maestro zen japonés del siglo XIV, prestar atención a las cosas que importan es el núcleo de la práctica espiritual.

En cierta ocasión, un rico mecenas fue a pedirle al maestro que escribiera una verdad espiritual profunda en un pergamino. Ikkyu sacó papel, pincel y tinta y al cabo de unos instantes escribió un solo carácter, que significaba «atención». Luego soltó el pincel.

Generalmente, un poema zen incluye imágenes de la naturaleza, tales como flores de ciruelo o ramas de pino, y unas cuantas palabras sabias. Lo que Ikkyu había escrito no era lo que el mecenas esperaba. En un primer momento éste se acercó, aparentemente interesado en lo que Ikkyu estaba escribiendo. Pero tras esperar educadamente unos instantes, se apartó y dijo: «A lo mejor el maestro no ha terminado aún su poema».

Ikkyu cogió el pincel y volvió a escribir, justo debajo del anterior, ese único carácter para la palabra «atención».

Ahora visiblemente enfadado, el mecenas le explicó que lo que quería era un poema para compartirlo con los invitados que a menudo recibía en casa. «Muchos de mis amigos han financiado generosamente su templo», añadió el hombre con mordacidad.

Ikkyu, también un poco molesto, agarró el pincel y rápidamente escribió el mismo carácter tres veces más: ¡Atención, atención, atención!

Si el mecenas hubiese estado un poco más atento, a lo mejor se habría dado cuenta de que Ikkyu no estaba escribiendo porque sí una y otra vez el carácter de la palabra «atención» en lugar de un poema; también estaba dándole una lección. Ikkyu le estaba diciendo al petulante mecenas: «¡Preste atención a su actitud mental en este momento! ¿A qué ha venido? ¿Es usted codicioso? ¿Es usted arrogante? ¿Es usted ambicioso? ¿Lo único que quiere de mí es algo con que impresionar a sus amigos ricachones?»

La mera atención no siempre es una práctica espiritual. Prestar atención asciende al nivel de práctica espiritual sólo cuando entran en juego valores espirituales esenciales. Ikkyu entendió las verdaderas intenciones del mecenas y decidió convertir ese momento en una lección espiritual.

Por lo general, el envejecimiento nos obliga a prestar atención a lo que realmente sucede. Mi padre tuvo que hacer frente a sus propias decepciones. Alan tuvo que hacer frente a su propia mortalidad. Incluso Katherine, al pedirle que pensara en su propio envejecimiento, se enfrentó cara a cara con sus propios logros; y se sintió bien.

Impacto del rayo:
reflexiones contemplativas

¿CÓMO TE SENTISTE?

Yo sé cuándo recibí el Impacto del rayo. Fue cuando estaba sentado en la consulta de mi médico y éste me dijo que tenía cáncer. Tenía treinta y seis años, y hasta ese momento nunca había pensado mucho en el envejecimiento. Estaba en la flor de la vida; todo me iba de perlas. Salí de la consulta totalmente cambiado. En el tiempo que tardé en ir en coche de la consulta a mi casa, tuve la sensación de envejecer veinte años.

¿Cuándo te impactó a ti el rayo? ¿Se te ocurre un acontecimiento concreto que cambiara tu concepto del envejecimiento, como les pasó a mi padre, a Katherine o a Alan?

Si tu respuesta es afirmativa, concéntrate en ese recuerdo y anota lo que piensas. Analiza ese momento con todo detalle; sintoniza con los sentimientos o emociones de aquel instante.

¿Era un sentimiento positivo o negativo? Ponle un nombre al sentimiento: nómbralo.

Si era positivo, ¿cambió o modificó tu percepción del envejecimiento? De ser así, ¿cómo describirías ese cambio?

Hazte la misma pregunta si el sentimiento fue negativo.

Cuando hice este ejercicio recordé que mi sentimiento había sido negativo. En el trayecto en coche de la consulta a casa me sentí desconcertado y angustiado, pero no por tener cáncer, sino porque no sabía qué le diría a Amy, mi mujer.

Pero al decírselo, ella reaccionó con serenidad. Se mostró firme como una roca y eso me dio fuerzas para decirle: «No voy a morirme». En ese momento me visualicé vivo, envejeciendo, con una larga vida por delante.

¿Cómo te sentiste cuando te impactó el rayo? ¿Y de qué manera ese sentimiento cambió tu actitud con respecto al envejecimiento?

¿QUÉ TAL ESTÁS AHORA?

Un par de meses después de nuestra entrevista llamé a Alan para ver cómo estaba.

—¿Qué tal te va? —le pregunté—. ¿Has vuelto a correr?

—Sí, claro —contestó entre risas—. Mis temores nada más duraron unos cuantos días. Pero ahora cada día que salgo a correr pienso en Bill. Su amistad ha adquirido un sentido completamente nuevo. Me ayuda a recordar lo estupendo que es estar vivo y tener un cuerpo sano que todavía puede correr, y que no tenemos ni idea de lo que pasará. Antes no pensaba en estas cosas.

¿Qué tal te va ahora? ¿De qué manera aquel momento en que te impactó el rayo ha influido en tu vida actual? ¿Su recuerdo ha desaparecido o sigue fresco? ¿Ha habido más momentos como ése, se han ido acumulando? Escribe una frase que describa qué tal te va ahora. Léela en voz baja. ¿Tu yo actual ha hecho totalmente suyas las lecciones del pasado?

¿Qué lección espiritual aprendiste del instante en que te impactó el rayo? Yo escribiría: «Ese día maduré de golpe».

En mi caso, después de veinticinco años, esa lección espiritual sigue estando vigente. Creo que toda nuestra vida espiritual es así. Fluye como un río subterráneo a lo largo de nuestra vida y emerge para ayudarnos a recordar lo que de verdad importa y quiénes somos realmente; pero sólo si prestamos atención.

2

Etapas del envejecimiento

«Tengo veintisiete años y de repente me he dado cuenta de que me hago mayor», decía Howie en su correo electrónico. Recordé que a los veintisiete años (acababa de nacer mi hijo y todavía estaba formándome como sacerdote zen) a mí ni se me pasaba por la cabeza que me haría mayor, así que me costó imaginarme qué había querido decir Howie. Pero agradecí su perspicacia. Cada uno vive el envejecimiento a su manera.

«Tengo setenta y tres años y nunca me he sentido tan joven», escribió Jerry contestando a uno de mis *posts* del *blog*. ¡Menuda conversación habrían mantenido Howie y Jerry si los hubiese juntado!

Algunas personas llegan a los sesenta años antes de que puedan decir: «De repente me he dado cuenta de que me hago mayor». Y a otras se les puede pasar la vida entera sin que hayan podido decir «Nunca me he sentido tan joven». El envejecimiento es individual. Y, sin embargo, en su viaje hay etapas y emociones reconocibles.

En la primera etapa, el Impacto del rayo, la emoción dominante es la sorpresa. Nos sorprende darnos cuenta de que realmente nos hacemos mayores y luego nos sorprende, además, lo mucho que hemos tardado en verlo.

La siguiente etapa, Aceptación, empieza cuando nos comparamos con lo que fuimos; positiva o negativamente. Echamos un vistazo al «antiguo yo» y vemos si está a la altura del «nuevo yo» actual. Si nos gusta tener la edad que tenemos ahora, esa comparación nos hace felices; si no, nos produce pesar.

La etapa de Adaptación tiene lugar cuando ya no nos miramos en el pasado y estamos a gusto con la edad que tenemos ahora.

Y la etapa final, la Valoración, se produce cuando la adaptación evoluciona hasta la plena aceptación.

Tal como demuestran Howie y Jerry, todas las etapas pueden darse a cualquier edad, y no tienen por qué aparecer necesariamente en un orden determinado. En ocasiones tenemos que cruzar estas zonas emocionales más de una vez.

Aceptación

Las personas aceptan su envejecimiento de diversas maneras, pero hay una común: cuando los padres enferman o mueren. Hasta entonces, tengamos la edad que tengamos, nos consideramos jóvenes en comparación con nuestros padres; al fin y al cabo, antes hemos sido niños y hemos vivido con ellos, y en algún lugar de nuestros corazones seguimos siendo sus niños.

Pero en el momento en que los padres enferman y necesitan nuestra ayuda, de pronto adoptamos el rol del adulto, y de alguna manera ellos pasan a ser nuestros niños (en general, una inversión de roles desestabilizadora). Es posible que el drama empiece de repente, pero lo que sigue es a menudo una andadura prolongada e interminable que quizá dure meses o años. Ese proceso de ajuste, sea corto o largo, es otro ejemplo de Aceptación.

Anna, una coreógrafa de éxito y directora de baile, pasó por esto cuando primero a su padre, y luego su madre, les diagnosticaron Alzheimer. Hasta entonces Anna no había pensado mucho en el envejecimiento. Tenía un físico de bailarina y el correspondiente vigor juvenil. Su idea de unas vacaciones relajantes era hacer *rafting* por un río o escalar una montaña. Le enorgullecía decirle a la gente cuántos años tenía (cuarenta y siete) y le encantaba la respuesta que oía siempre: «¿En serio? Pues aparentas diez años menos».

Pero cuando la clínica de su lejana ciudad natal emitió los dos diagnósticos, la vida de Anna dio un giro dramático.

—No te imaginas lo agotador que fue aquello —me contó Anna mientras tomábamos un té sentados en un rincón de su estudio de danza—. Primero los viajes a casa de mis padres, por lo menos uno al mes, y a veces con más frecuencia. Luego las discusiones, sobre todo con mi padre. Él creía que los dos estaban estupendamente y que podían cuidar de sí mismos. Le daba igual que su médico dijese lo contrario.

—Debió de ser duro compaginarlo con el estudio —dije señalando la gran tarima.

—Sí, pero me las apañé. Mis compañeras me cubrieron. Lo peor fueron las peleas con mi hermano y mi hermana. Su forma de resolver el problema consistía en vender la casa, quedarse con las llaves del coche y meter a mis padres lo antes posible en una residencia de ancianos. ¡Y vivían allí mismo! La verdad es que podrían haberse ocupado de ellos si hubiesen querido.

La Aceptación de Anna estuvo plagada de problemas.

—Si las cosas pudieran volver a ser como antes —dijo con un suspiro—. Sé que es imposible, pero eso es lo que siento en plena madrugada.

Ella anhelaba que las cosas fuesen como antes, anhelaba su «antiguo yo», pero a la larga llega un momento en que el «antiguo yo» está finalmente preparado para irse, y el «nuevo yo» para quedarse. Eso le pasó a Anna el día en que habló a solas con el médico de sus padres.

—¿Cuánto tiempo vivirán? —le preguntó.

—Los dos están fuertes físicamente —contestó el médico—. Podrían vivir muchos años.

Fue entonces cuando Anna comprendió que su antigua vida se había esfumado; lo que ahora necesitaba era construirse otra nueva.

Adaptación

La siguiente etapa, Adaptación, es el momento en que nuestros altibajos emocionales empiezan a estabilizarse. Hemos aceptado lo que hemos perdido. Estamos contentos por lo que todavía tenemos. Sabemos que nos hacemos mayores y lo hemos aceptado. El «nuevo yo» ha venido para quedarse y tenemos una nueva misión: aprender a vivir con él, adaptarnos a él y disfrutarlo.

Para Toni Bernhardt, autora de *How to Be Sick* [Actitud ante la enfermedad], la aceptación llegó en un momento de ternura y risas con su marido.

Toni, antigua decana de una facultad de derecho, escribe acerca de un momento importante que vivió tras siete años de fatiga crónica persistente:

Mi marido [Tony] entró en nuestro cuarto y se metió conmigo en la cama, que se ha convertido en mi hogar. Lo recibí con un: «¡Ojalá no estuviese enferma!» Tony contestó: «¡Ojalá no estuvieses enferma!» Tras una breve pausa, ambos nos echamos a reír. «Vale, ya me he desahogado.» Fue un momento decisivo para los dos. Desde el verano de 2001, habíamos intercambiado esas palabras un montón de veces, pero tuvieron que pasar siete largos años para que, en lugar de entristecernos o hacernos llorar, nos hicieran reír.

Mientras sigamos comparándonos con un yo más joven y mejor (que quizá sólo es mejor a posteriori), reduciremos las posibilidades de convertirnos en un yo más viejo y más sabio. La sabiduría de la adaptación empieza por nuestra disposición a desprendernos de quien fuimos y aceptar lo que somos ahora.

En términos espirituales, esta flexibilidad equivale a aceptar y adaptarse al cambio. Cuando el cambio trae cosas buenas, nos gusta. Cuando trae cosas malas, nos resistimos. Buda fue uno de los primeros maestros religiosos en enseñar la realidad del cambio continuo y sus repercusiones en la vida humana. Aunque no seamos la misma persona que éramos a los quince, veinte, treinta o cuarenta años, una parte de nosotros se aferra a la idea de que «soy y siempre he sido yo». En nuestro fuero interno ansiamos constancia.

Uno de los puntos clave del mensaje de liberación de Buda es que esta constancia es una ilusión. Estamos siempre cambiando, como todo y todos los que nos rodean. De jóvenes no prestamos mucha atención a esto, pero a medida que envejecemos no tenemos tanta opción. El cambio y el inevitable paso de los años empiezan a pisarnos los talones, y oímos esos pasos a nuestras espaldas en cada aniversario y cumpleaños, con cada carta o correo electrónico que nos informa de la enfermedad de un buen amigo o cuando fallecen los padres.

En la etapa de Adaptación el reto está en lo bien que sepamos ajustarnos y mantener la flexibilidad a medida que las señales de desgaste y desmoronamiento de nuestro mundo sean más perceptibles. Uno de los resultados más claros de la investigación actual sobre el envejecimiento es que (física, mental y emocionalmente) aquellos que se mantengan flexibles y aguanten los reveses son los que envejecerán mejor, con más salud y vivirán más tiempo.

Adaptación y flexibilidad son nuestras mejores estrategias para que el envejecimiento no nos lleve ventaja, y las claves para crear frescura y nuevas oportunidades a medida que envejecemos. Es preciso que recordemos que el cambio es de doble dirección. No implica sólo desgaste y desmoronamiento; también nuevos comienzos.

Valoración

La persona más anciana que he entrevistado jamás se llamaba Sarah, una mujer circunspecta de ciento cinco años, participante ocasional de mi grupo de meditación. De joven, Sarah había sido profesora. En la cincuentena dejó la enseñanza y se dedicó a la botánica. Tenía un don para encontrar plantas que a otros les pasaban desapercibidas. Se hizo localmente famosa por descubrir plantas autóctonas poco comunes; a una de ellas le pusieron su nombre. Pasados los setenta, Sarah se jubiló, pero no tardó en aburrirse.

Cuando cumplió noventa, viuda pero viviendo aún en su propia casa, empezó a tejer. En pocos años había obtenido el rango de maestra tejedora, y el día que fui a verla estaba sentada en su porche soleado rodeada de tapices tejidos con su intrincado y característico estilo.

Al sentarme para empezar la entrevista, me di cuenta de que me sentía intimidado por su edad. Jamás había hablado con alguien tan mayor, y de pronto me sentí estúpido. Casi me doblaba la edad.

—¿Qué siente a sus ciento cinco años? —empecé preguntando.

Frunció la boca unos instantes, molesta, pero luego se calmó.

—Jovencito —replicó (¡hacía mucho que no me llamaban así!)—, mire a su alrededor. Eche un vistazo a todo esto. —Movió la mano hacia los tapices que nos rodeaban—. Cuando veo esto, me siento feliz —dijo—. ¡De verdad! Soy feliz. He vivido lo que tenía que vivir y he hecho lo que me ha dado la gana. ¿Quiere saber qué siento? ¿Qué siento con ciento cinco años? ¡Como si eso importara! Yo he hecho esos tapices. Ésa soy yo. He hecho lo que me apetecía.

En la primera pregunta ya me habían salido los colores. Lo intenté de nuevo.

—¿Cuál cree que es la lección más valiosa que ha aprendido en la vida?

Me lanzó una mirada fugaz y penetrante, y luego bajó los ojos y dijo en voz baja:

—Ésta es mi vida; no tengo otra.

No todo el mundo llega al final de sus días como Sarah, en plena posesión de facultades y haciendo cosas que le aportan alegría. Hay personas que acaban su vida con desilusión. Pero, a pesar de las circunstancias, todo el mundo, como hizo Sarah, puede decir: «Ésta es mi vida; no tengo otra».

Cuando todas las etapas se agolpan

De vez en cuando se experimentan todas las etapas en un breve periodo de tiempo. Ya he mencionado el instante en que a mí me impactó el rayo. La historia completa fue un viaje de un año de duración que me llevó por las cuatro etapas del envejecimiento, desde el Impacto del rayo hasta una profunda Valoración.

Tras muchos años de formación para ser sacerdote zen, a mis treinta y seis años era un atareado ejecutivo de empresa hipertenso.

La mayoría de los médicos habría restado importancia a la alta presión arterial, atribuyéndola al estrés laboral, y me habría dado pastillas, pero mi médico tuvo un presentimiento. Me mandó hacer unas pruebas, incluida una ecografía que evidenció que mi riñón izquierdo tenía un aspecto raro. Me hicieron más pruebas, luego un escáner, y finalmente el médico emitió su dictamen. «Tienes un tumor grande detrás del riñón. Creemos que es algún tipo de linfoma, pero tenemos que hacerte más pruebas para averiguar exactamente de qué tipo se trata.» Mi médico se aclaró la garganta; era sólo un poco mayor que yo y esto también era duro para él. «Normalmente, el pronóstico de los linfomas es bastante bueno», me dijo en un tono tranquilizador. «Dentro de lo malo, es uno de los mejores tipos de cáncer que hay.»

¡Uno de los mejores! ¡Lo que había que oír!

—Estoy pensando en mi familia —balbucí—. No puedo pensar en nada más.

—Yo también lo haría, si estuviese en tu lugar. Pero no saquemos conclusiones precipitadas —dijo mi médico—. Vayamos paso a paso. —Pero de repente para mí el tiempo iba a la velocidad de la luz y no había ningún «paso a paso». Todo estaba sucediendo de golpe.

Me fui a casa en coche, agarrando el volante con desesperación. Después de contárselo a mi mujer, nos quedamos sentados a la mesa de la cocina en la semipenumbra, sin decir gran cosa. Yo no paraba de repetir: «No sé qué pasará».

Así es como recibí el Impacto del rayo: súbitamente y a una edad en la que era lo último que me imaginaba. Aquella primera noche, y durante los días siguientes, mi vida prácticamente se paralizó. No podía pensar, no podía planear nada, y cualquier esfuerzo de normalidad, como preparar el desayuno o ir a trabajar, parecía absurdo. Una parte de mi mente insistía en recuperar el ritmo ordinario (hacerme el té como cada mañana y olvidarme de mi nuevo dilema), mientras que otra seguía en una espiral, diciendo: «¡Me voy a morir!» Muy al principio había habido un momento en que estaba convencido de que no moriría, pero al parecer esa parte de mi mente lo había olvidado. Estaba en un estado de pánico intermitente.

Pero el pánico tiene una duración determinada. Aunque cierta parte de mí estaba desquiciada, físicamente me encontraba muy bien; igual que en las últimas semanas. Conforme los días se convirtieron en semanas, me fui acostumbrando a la rutina propia de un enfermo de cáncer y el pánico lentamente se transformó en tedio. Cada día pasaba horas en alguna sala de espera, pendiente de que dijeran mi nombre.

Poco a poco asumí el hecho de que estaba realmente enfermo. Por si hubiera tenido alguna duda, los tratamientos de quimioterapia (uno cada tres semanas) me sentaban fatal. Al finalizar cada uno de ellos me iba a casa y me acostaba, esperando a que empezaran las náuseas y la debilidad. Me ponía a pensar en que no hacía mucho nada de aquello sucedía y yo tenía una vida aparentemente normal. Comparaba a aquella persona con la que yo era ahora: el «nuevo yo». Tras un par de tandas de quimioterapia lo único que quería era olvidarme del «nuevo yo» y volver a ser el «yo antiguo».

Ese pensamiento es la esencia de la Aceptación; comparar lo que sentimos ahora con lo que sentíamos antes. Quienes me rodeaban lo iban aceptando a su manera. Amy fue la que se adaptó más deprisa. Tiene una capacidad extraordinaria para gestionar las crisis. Siempre daba la impresión de que sabía exactamente lo que había que hacer. También *Ryan*, mi perro. Todas las mañanas, cuando mi mujer y mi hijo, Ivan, se levantaban a desayunar, él también se levantaba mientras yo me quedaba en la cama. Y después de que Amy e Ivan se hubieran ido, una a trabajar y el otro al colegio, *Ryan* volvía a mi cuarto y se subía a la cama para estar conmigo. Sabía que necesitaba compañía. Y se quedaba allí hasta que por fin me forzaba a mí mismo a levantarme.

A mi hijo, que tenía nueve años, únicamente le habíamos contado que yo estaba enfermo y que no tardaría mucho en encontrarme mejor. No hizo preguntas, pero notó lo flojo que estaba y era un chico inteligente. Antes del diagnóstico uno de nuestros juegos favoritos era «la manta y el oso». Yo me cubría la cabeza con una manta, rugía como un oso y luchábamos. Ahora estaba demasiado débil para jugar.

Una tarde en que estaba yo en la cama con el ánimo por los suelos, entró en mi cuarto y me dijo: «Papá, ¿cuando te recuperes podrás volver a jugar conmigo a la manta y el oso?» Le aseguré que sí. Así es como Ivan reaccionó a mi cáncer.

Conforme las semanas de tratamiento se convirtieron en meses, me sumí en una depresión. En parte era debido al efecto químico de la medicación y en parte a la sensación de que aquel largo suplicio no acabaría jamás, o de que, de lo contrario, acabaría mal. Una calurosa tarde de verano estaba descansando en el sótano, que estaba fresco, y me sumí en un estado meditativo. Empecé un ejercicio de introspección y «envié» un mensaje a mi cuerpo. Sabía por mi formación zen que el cuerpo tiene su propia sabiduría y a menudo sabe qué pasa mejor que la mente.

Descubrí que el mensaje que estaba enviando era: «¡Odio esto!» Fue una sorpresa reconocer que era así como me sentía, pero lo hice. Detestaba encontrarme tan mal, detestaba la incertidumbre y detestaba admitir que me sentía así.

Seguí enviando mi mensaje: «¡Odio esto, odio esto!» Estuve mucho rato sin obtener respuesta. Pero de pronto, cuando casi me había quedado dormido, apareció una respuesta: «¡Te quiero!»

¿Quién había dicho eso? ¿Quién me quería?

No puedo afirmar que fuera yo; estaba concentrado en odiar aquello. Esa voz estaba conectada conmigo, pero era más elevada o más profunda. Empecé a llorar y sentí un inmenso alivio. El mundo se había tambaleado bajo mis pies. Había visto que se me escapaba la vida de las manos y acto seguido sentía que la recuperaba. Había tocado fondo y empezaba a resurgir.

Al fin me había desprendido emocionalmente de mi «antiguo yo», el que no tenía cáncer. Hasta ese momento no había aceptado de verdad la enfermedad. Una parte de mí la odiaba y aún quería volver a una época anterior. Pero había una energía que tenía un mensaje para el «antiguo yo», y ese mensaje era «Te quiero. No pasa nada». Yo, como budista que soy, llamaría a esa energía «esencia de Buda». Otros quizá la llamarían presencia divina o Dios. Se la llame como se la llame, me ayudó a apartar el «antiguo yo» y abrirme al «nuevo yo».

Al cabo de varios meses, cuando aquellos largos meses de tratamiento al fin acabaron, me senté en la consulta de mi médico y le oí decir que el cáncer había remitido y era improbable que reapareciese.

«Lo has hecho de maravilla», me felicitó el médico. «Eres uno de los pacientes más optimistas que he tenido.» Sacó una foto Polaroid que me había hecho durante mi último mes de tratamiento, en la que aparecía calvo y con una sonrisa de oreja a oreja. No recuerdo exactamente cuándo me hizo esa foto ni por qué sonreía, pero ahí estaba.

La colgó en el tablón de anuncios de su sala de reconocimiento. Durante los siguientes años, cada vez que volví para hacerme una revisión, vi esa foto mía: el paciente optimista de cáncer.

Al salir de la última visita médica, mi mujer y yo volvimos hasta el coche. Condujo ella; yo estaba demasiado afectado. Rememoré el instante en que una voz surgida de algún sitio de mi interior había dicho: «Te quiero». Había llegado a una aceptación profunda de mi vida a la que probablemente jamás habría podido llegar sin la intervención de una repentina enfermedad.

Estaba agradecido por todo.

El Impacto del rayo, la Aceptación, la Adaptación y la Valoración... todo me pasó en el transcurso de un solo año. Después de veinticinco años, mi recuerdo de ese periodo de mi vida se ha desvanecido. Pero no lo que supuso para mí. Desde entonces nunca he dejado de valorar la vida.

Reflexiones contemplativas

EMOCIONES Y ENVEJECIMIENTO

Experimentamos el envejecimiento en gran medida a través de nuestras emociones. Cuando las cosas van bien, nos sentimos bien y estamos a gusto con la edad que tenemos. Pero las cosas pueden cambiar de repente y nuestra anterior sensación de bienestar dar un vuelco total; y viceversa.

A modo de ejemplo: estaba en una reunión con Marcia, una compañera y profesora de meditación, que acababa de recibir su tarjeta sanitaria de Medicare, un programa de seguridad social del gobierno norteamericano para mayores de sesenta y cinco años. Estaba ofendida. «No pensé que me afectaría tanto», dijo. «Pero me he quedado de piedra. ¡Qué vieja me siento!»

En aquel momento Marcia experimentó diversas emociones con respecto a su envejecimiento: ansiedad, disgusto y decepción. Objetivamente, el día que recibió la tarjeta de Medicare fue como otro día cualquiera, pero emocionalmente fue una sorpresa.

La experiencia de Marcia es una lección acerca de la travesía emocional que puede suponer el envejecimiento y de cómo esas emociones pueden distorsionar nuestra vivencia del mismo.

Esta reflexión pretende indagar en tus propias emociones en torno al envejecimiento. ¿Qué palabra describe mejor tu emoción principal acerca de la edad que tienes? ¿«Sorpresa», «pesadumbre», «alivio», «satisfacción», «gratitud», «desesperación», o alguna otra? Tómate unos instantes para sintonizar con tus emociones y descríbelas o asígnales una palabra.

Si sientes sorpresa, ¿qué te sorprendió? ¿Fue un cumpleaños, tuyo o de alguien más? ¿La muerte o enfermedad de algún conocido? Haz memoria de la época anterior a ese acontecimiento. ¿Cómo te sentías entonces? ¿Qué ha cambiado?

Si tus sentimientos con respecto al envejecimiento son de pesar, ¿qué es lo que lamentas? La pesadumbre a menudo sustituye a otras emociones más primarias, tales como el miedo, la rabia o la ansiedad. ¿Te pasa eso a ti? ¿Puedes bucear en esa emoción más profunda y tratar de identificar lo que la provocó o de qué está hecha? Cada uno de nosotros cuenta con alguna versión de la tarjeta de Medicare de Marcia, algún acontecimiento, tal vez medio olvidado, que conecta nuestro envejecimiento con alguna emoción poderosa.

Si tu principal emoción es positiva (si sientes satisfacción o gratitud), reflexiona sobre el proceso que te ha llevado hasta ella. En el caso de Anna, cuyos padres tenían Alzheimer, la gratitud o la satisfacción llegaron tras una larga historia, y lo mismo pasa con cada uno de nosotros. Vale la pena recordar esa historia porque no ha terminado. Las cosas cambian. Vendrán desafíos nuevos; surgirán nuevas etapas. Si hoy sientes satisfacción, debes saber que quizá la pierdas, pero también que puedes recuperarla.

En resumen: presta atención a tu experiencia del envejecimiento a través de la lupa de las emociones. Lo que sientes puede ayudarte a determinar en qué etapa del envejecimiento estás y también ayudarte a entender, como entendió Marcia, que las emociones no lo son todo.

ENVEJECER CON CADA RESPIRACIÓN

Volví a ver a Marcia al cabo de unos cuantos días y le pregunté qué tal se sentía. «Mucho mejor», me dijo. «He pasado el fin de semana dirigiendo un retiro de meditación y al terminarlo me di cuenta de lo tonta que había sido. Esa tarjeta no es más que un trozo de plástico. No refleja realmente mi edad. De hecho, envejezco cada vez que respiro.»

El comentario final de Marcia, «Envejezco cada vez que respiro», apunta a otra forma de experimentar el envejecimiento que está fuera del reino de las emociones. Yo la llamo envejecer con cada respiración.

Para empezar, adopta una postura que te resulte cómoda. Si tienes experiencia meditando y puedes sentarte en el suelo con las piernas cruzadas, hazlo. Si prefieres una silla, pues una silla.

Busca un sitio tranquilo donde sentarte, un sitio sin ruido ni otras distracciones. Ahora sintoniza gradualmente con tu respiración como si sintonizaras una emisora de radio de música tranquila. Inspira, exhala, pausa; inspira, exhala; pausa.

Haz esto durante varios minutos y luego para y reflexiona. ¿Cuáles son las cualidades de tu respiración? ¿No es sosegada, ni tiene una cadencia regular o un ritmo constante? ¿No es como un reloj? ¿No marca la hora?

Ahora vuelve a tu respiración: inspira, exhala, pausa; inspira, exhala, pausa.

Sintoniza con ella. Es tu propia vida, auténtica, valiosísima, y, en cierto modo, el reloj natural de tu cuerpo. Cuando observas tu respiración, no sólo pasa el tiempo; también pasa a través de ti.

Para de nuevo y reflexiona. ¿Qué sientes al inspirar? ¿Acaso no es agradable inspirar hondo? ¿No es eso lo que significa la expresión «una bocanada de aire fresco»? ¿Qué sientes al exhalar? ¿No hay algo profundamente relajante en ello?

Así es como percibimos el envejecimiento cuando envejecemos cada vez que respiramos. Recuerda el ejercicio anterior, cuando considerabas el envejecimiento desde la lupa de las emociones, y repara en las diferencias.

Las emociones no son como la respiración. No son rítmicas ni constantes. Con frecuencia no son placenteras ni relajantes. Y aunque lo sean, las emociones cambian y el tiempo cambia con ellas. Cuando nuestras emociones se aceleran, el tiempo también se acelera. Cuando nos sentimos desanimados o desdichados, el tiempo pasa muy despacio.

En lo que al envejecimiento se refiere, nuestras emociones no son un cronómetro fiable, pero la respiración sí. Tal como descubrió Marcia, la respiración es nuestro cronómetro más preciso y el verdadero árbitro de cómo envejecemos realmente.

Ahora deja que tu concentración y observación de la respiración lleguen a su fin, y limítate a permanecer tranquilamente sentado. Puede que nuestras ideas y sentimientos acerca del envejecimiento aparezcan y desaparezcan, vayan y vengan, pero lo *cierto* es que envejecemos simplemente respiración a respiración.

3

La senectud

La Aceptación tiene que ver con cómo nos sentimos a medida que maduramos y envejecemos. Pero hay otra forma de hablar de la culminación del envejecimiento que se centra menos en cómo nos sentimos y más en lo que hacemos. Es lo que yo llamo «senectud». En las sociedades tradicionales, los hombres y mujeres de edad avanzada desempeñaban ciertos roles y tareas para compensar las pérdidas asociadas al envejecimiento. Ellos eran los narradores de historias y leyendas, los que sabían dónde crecían las plantas medicinales y para qué servían. Eran los consejeros de jóvenes adultos, y los protectores y mentores de los niños de la comunidad. Además, debido a que habían vivido toda una vida y conocían su significado profundo, infundían respeto. Aunque un anciano ya no pudiese andar o una anciana ya no pudiese ver, podían cumplir con su papel de mayores y sentirse honrados por ello. Hay incluso una teoría entre los biólogos evolucionistas, llamada «hipótesis de la abuela», que sostiene que «la evolución favoreció a las mujeres ancianas que utilizaban su conocimiento y experiencia en beneficio de la descendencia de sus parientes».[1]

Cualquiera que haya visitado un hogar de ancianos y haya visto sus pasillos repletos de enfermos, minusválidos y pacientes desorientados se preguntará necesariamente si esto es lo mejor que podemos hacer por nuestros mayores y si no hay nada tangible que ellos aún puedan hacer por nosotros. Sin embargo, afirmar que en la sociedad actual, saturada de medios de comunicación y orientada a la juventud, el rol de nuestros mayores ha desaparecido del todo sería simplificar demasiado. Hoy en día, muchos de los roles tradicionales de nuestros mayores han sido profesionalizados. El que tiene problemas acude al terapeuta. En lugar de recoger plantas medicinales para curarnos una dolencia, vamos a la farmacia del barrio. En las guarderías se ocupan de los niños pequeños; las viejas historias están almacenadas en Wikipedia. Las generaciones actuales de ancianos a veces tienen la suerte de contar con nietos agradecidos a los que aconsejan y cuidan de vez en cuando, pero aun así casi siempre es una labor de muy pocas horas.

Pero al igual que un bebé da sus primeros pasos o una madre joven alumbra a su primer hijo, los ancianos saben cómo serlo llegado el momento. Como dice el doctor William H. Thomas en su libro *What Are Old People For* [Para qué sirve la gente mayor]: «Para respirar no tenemos que pensar en respirar, y, queramos o no, envejecemos. El envejecimiento lo llevamos dentro, no es una imposición».[2] Las aptitudes básicas de la senectud son innatas. Dicho esto, esas aptitudes también pueden perfeccionarse, especialmente siendo discípulo de otro anciano. Las historias que siguen a continuación ponen ambas posibilidades de manifiesto.

Dignidad

Cuando mi padre, Emil, irrumpió en mi habitación con el libro de Robert Graves en la mano, su angustia se debía en parte al

hecho de que en su juventud no había contado con ningún refe-
rente en el que mirarse, y ahora, con sus angustias de la madurez,
tampoco tenía a nadie a quien recurrir. Su propio padre había
fallecido cuando él tenía tres años. El joven Emil creció pobre y
sin un guía masculino. Esa pérdida le atormentaba y hacía que
le fuera más difícil ser un anciano ejemplar para mí. En cierta
ocasión, hablé de la senectud durante un taller sobre envejecimiento, y luego se acercó a presentarse un norteamericano de
origen indio. Era profesor de ingeniería en una universidad cer-
cana, pero había crecido en una pequeña ciudad al norte de la
India. «Tiene usted razón en lo de los ancianos», me dijo. «De
joven lo vi con mis propios ojos.»

Sus padres procedían de una aldea antaño próspera de las
estribaciones rurales y tejían telas que enviaban al mercado de
la ciudad. Pero ahora ese trabajo había sido trasladado principalmente a fábricas chinas de bajo coste. La aldea se había empobrecido y había poco trabajo para los hombres.

«En uno de mis viajes mi padre me llevó al consejo de la aldea
junto con los demás hombres. Fui testigo de cómo los jóvenes
imploraban a los ancianos para que les ayudasen a saber qué de-
bían hacer. Los ancianos no tenían necesariamente todas las respuestas, pero pude comprobar hasta qué punto los jóvenes los
respetaban, y cuánta dignidad transmitían al hablar. En aquella
sala sucedió algo tremendamente impactante para mí. Todos tenían problemas, pero lo que los ancianos dijeron a los jóvenes
fue un bálsamo para ellos. Es algo que no he olvidado jamás.»

Integridad

En la década de 1950, en su pionero libro *Infancia y sociedad*, el
doctor Erik Erikson propuso la teoría (ahora ampliamente acep-

tada como un hecho) de que la psique humana se desarrolla por etapas diferenciadas que empiezan con la «confianza básica» de una criatura y concluyen con la «integración» de la persona anciana. Cuando fui a la universidad tuve a Erikson de profesor y oí su descripción de la integración como «el momento en que somos capaces de entender nuestro lugar en el mundo y la vida que hemos vivido en él».

Para este tema leímos en clase *El rey Lear* de Shakespeare. La tarea me planteó ciertos problemas, porque me costaba entender el concepto de «integración» del doctor Erikson en el personaje de Lear. De modo que, cuando el profesor vino una tarde a nuestra sesión de estudio, le pregunté al respecto. «No me parece que Lear sea el típico viejo», comenté. «De hecho, parece un loco.»

Creo recordar que su respuesta fue: «Pues yo creo que es bastante típico. Tienes que prescindir de la intensidad del drama y verás que no es más que un hombre corriente que intenta aceptar que es viejo».

Volví a ver al doctor Erikson treinta años después. Seguía siendo el mismo ser modesto, paternal y amistoso que recordaba de la facultad. Con su melena blanca y frondoso bigote, le rezumaba la ancianidad por los poros de la piel. Octogenario ya, para mí no era únicamente un escritor y profesor de renombre mundial, sino también un hombre corriente que había aceptado su vejez.

Regar las rosas

El señor Pauzer vino a vivir con nosotros cuando yo tenía aproximadamente unos siete años. Vivíamos en media hectárea de tierra en las afueras de la ciudad, y en una punta del terreno había un pequeño apartamento que mis padres alquilaban para tener más ingresos. El señor Pauzer era delgado y frágil, y hablaba casi en susurros. Yo sabía muy poco sobre él, pero por lo que hablaban mis padres me dio la sensación de que era viudo y lo habían herido en la guerra.

Incluso a mi corta edad percibí la tristeza del señor Pauzer. Ahora creo que el enfisema lo estaba matando lentamente. Nunca vino nadie a visitarlo y pocas veces salía. Seguramente estaba bastante solo, y me imagino que le alegraba que un niño pequeño lo siguiera mientras recorría el terreno podando, plantando y regando («pasando el rato», como diría mi madre).

En una zona del terreno mi madre tenía una rosaleda, y un verano me encomendaron el riego de las rosas. Alrededor de cada rosal había cavada una zanja, y canales conectando dichas zanjas, pero cuando abría la manguera nunca lograba que el agua fluyera sin problemas de un rosal a otro. Acababa siempre derramándose por el sendero.

Una tarde, levanté la mirada, manguera en mano, y vi al señor Pauzer a mi lado. «El agua fluye cuesta abajo», dijo en un áspero susurro. «Obsérvala. Fíjate hacia dónde va.»

Vi cómo el agua se derramaba por el sendero. «¿Lo ves?», dijo el señor Pauzer. «El agua sabe adónde quiere ir. Tienes que hacer las zanjas más profundas.»

Cogió una azada que había traído consigo y me enseñó a cavar. Durante los siguientes días me enseñó a hacer zanjas (en ocasiones con azada, las más de las veces a mano). Llegó un día en que abrí la manguera y vi que el agua fluía exactamente como el señor Pauzer había dicho que fluiría, y que se formaba un charco en cada rosal.

«¿Lo ves?», dijo. «El agua es sabia.»

Otro día de aquella misma semana al llegar del colegio vi que el señor Pauzer me hacía señas de lejos. Cuando me acerqué, su mirada era de picardía.

«Ten», me dijo mientras me ponía un trozo de chocolate en la mano. «No se lo digas a tu madre.»

Y entonces hizo un ruido que al principio parecía tos. Cuando alcé la vista, me di cuenta de que se estaba riendo, cosa que no le había visto hacer nunca.

No mucho después de aquello se lo llevaron en ambulancia y mis padres me dijeron que había muerto. Pero durante un breve periodo de tiempo, el señor Pauzer demostró su senectud enseñándome a regar las rosas.

¡No piséis esa planta!

Harry Robert era un indio medio irlandés, medio yurok, que había pasado parte de su juventud en una reserva del norte de California. En aquella época se formó para ser curandero junto a su tío yurok. Cuando en la década de 1970 estuve viviendo en Green Gulch, un templo zen, Harry (por entonces septuagenario) hacía las veces de asesor en temas agrícolas, horticultor y sensato consejero espiritual.

Un día dimos un paseo en grupo con Harry para inspeccionar una balsa de agua. Él iba en la cola. Estábamos todos charlando animadamente cuando de pronto alzó la voz a nuestras espaldas y exclamó: «¡Parad! No piséis eso».

Nos quedamos todos helados. Normalmente Harry hablaba bajo, con una voz apenas audible. Fue una sorpresa oírle hablar con tanta vehemencia.

Nos adelantó dando grandes zancadas y señaló el sendero que estábamos pisando. «Eso es hierbabuena. Es una planta medicinal. No la piséis nunca.» Fue entonces cuando aprendí que Harry siempre miraba dónde pisaba.

En otra ocasión me quedé mirando mientras él enseñaba a

mi amigo Richard a soldar con un soplete oxiacetilénico. Richard tenía cierta experiencia soldando y se pensaba que sabía cómo se hacía, pero Harry le estaba enseñando un sistema distinto y más prudente. Le dio unas cuantas instrucciones más y luego observó en silencio mientras mi amigo encendía el soplete y empezaba a trabajar.

Yo de soldadura no sabía nada y sentía curiosidad por ver qué tal lo haría Richard. Lo observé mientras procedía a aplicar la llama sobre la gruesa placa metálica. De repente el taburete en el que estaba sentado se movió y alargó un brazo para mantener el equilibrio. Al hacerlo, el soplete se giró y la llama le lamió la palma de la mano que tenía libre. Richard hizo una mueca de dolor.

Miré hacia Harry, convencido de que diría algo. Pero mantuvo el rostro impasible. No dijo ni hizo nada. Richard tampoco dijo nada. Conocía a Harry. Apagó con cuidado el soplete, lo dejó y se fue en busca del botiquín de primeros auxilios.

Harry se levantó y también se fue. Yo me quedé solo, pensando en lo que había visto.

En la cultura amerindia el maestro no suele explicar las cosas, sino que deja que sus alumnos las averigüen por sí mismos. Harry nos había dicho que eso hizo su propio maestro; lo mismo que nos decía Shunryu Suzuki de su propia formación zen.

Huesos de aceituna

En cierta ocasión fui ayudante de Suzuki en el monasterio Tassajara. Había venido un maestro invitado y mi tarea consistía en servirles el té a los dos, además de aceitunas recién curadas que el personal de cocina había recogido de un árbol cercano. Tanto Suzuki como el invitado se comieron sus aceitunas y se bebieron su té, y después de servirles yo hice lo mismo.

Mientras Suzuki hablaba con su invitado, alargó el brazo hacia atrás sin volverse, cogió uno de los huesos de aceituna de mi plato, se lo metió en la boca y empezó a chuparlo. Me quedé anonadado. ¿Qué estaba pasando? Miré hacia abajo y me di cuenta de que quedaba un poco de carne en todos los huesos. No me la había comido toda.

Cuando acabó de chupar el hueso, Suzuki volvió a dejarlo en mi plato sin parar de hablar con su invitado e ignorándome deliberadamente.

Sentí tanta vergüenza que deseé que me tragase la tierra. Pero no había tiempo para eso; antes bien, serví a Suzuki y su invitado otra taza de té y me pasé los siguientes cuarenta años pensando en lo que había pasado aquel día.

Suzuki hablaba a menudo de su propio maestro. «Nunca nos explicaba nada», decía. «Únicamente nos reñía cuando hacíamos algo mal.»

Ni Harry ni Suzuki eran ancianos corrientes; cada uno era un experto en sus respectivas tradiciones docentes. Estas historias muestran cómo enseñaron y de qué manera se manifestó la sabiduría que la edad les había concedido. He dedicado mucho tiempo a analizar lo que hicieron y cómo actuaron, y he llegado a la conclusión de que una persona más joven no podría haber hecho lo que ellos hicieron, por mucho talento que pudiera tener. Sus acciones eran fruto no de un simple conocimiento, sino de su intensa vivencia. Sus respuestas eran espontáneas y muy estudiadas al mismo tiempo. Creo que ambos encarnaban la descripción de anciano del doctor Erikson: alguien que es «capaz de entender su lugar en el mundo y la vida que ha vivido en él». Mirar siempre dónde pisas o comerte la aceituna de alguien de un modo tal que se convierta en una enseñanza de por vida no es sólo una habilidad especial, sino una forma de ser que se tarda mucho tiempo en adquirir.

Reflexiones contemplativas

DESCUBRIR TU PROPIA SENECTUD

Los ancianos de la aldea india y el señor Pauzer, mi amigo de la infancia, no habían recibido ninguna formación especial para ser ancianos; pero cuando surgió la necesidad, supieron hacerlo. En cierto modo, podríamos decir lo mismo del rey Lear del drama de Shakespeare; saca su rabia durante toda la obra hasta que al final acepta su edad con verdadera humildad (una perspicacia que poco tiene que ver con el hecho de que sea rey). Harry Roberts, en cambio, se formó en la juventud con mentores espirituales, y Shunryu Suzuki también.

Hay muchas formas posibles de expresar la senectud. ¿Cuáles son las tuyas? Esta reflexión contemplativa pretende animarte a explorar esta cuestión.

Primero reflexiona sobre si hubo algún señor Pauzer en tu infancia; un mayor que se ofreciera a ayudarte cuando lo necesitabas. Puede que tengas que refrescar la memoria; yo, hasta que me senté a escribir este capítulo, había olvidado que el señor Pauzer me enseñó a regar rosas. Un mayor no es como el padre o la madre. A menudo los padres no están al tanto de los mayores que influyen en las vidas de sus hijos. Mis padres nunca se enteraron de lo mucho que me ayudó el señor

Pauzer; en parte por eso fue tan especial y memorable para mí.

Los ancianos de nuestra infancia son modelos tempranos para nuestro propio envejecimiento. Haz una lista de los mayores que hubo en tu infancia. Escribe sus nombres y junto a cada nombre una palabra o dos que describan lo que significaron para ti. Al lado del nombre del señor Pauzer, yo escribiría la palabra «seguridad». Al lado del nombre de Harry, la palabra «atención», y al lado de Suzuki, la palabra «meticulosidad». ¿Quiénes son tus mayores y qué palabras pondrías?

A continuación, siéntate tranquilamente y medita sobre la pregunta: «¿Soy un anciano?» Si lo eres, pregúntate entonces: «¿En qué sentido actúo como tal en la vida?»

Si no lo eres, ¿por qué no? ¿Te parece que eres demasiado joven? A ver si puedes hacer algo, puede ser algo pequeño, que te permita ejercer la ancianidad con alguien.

Para terminar escribe estas palabras:

PRIMERA INFANCIA
NIÑEZ
ADOLESCENCIA
EDAD ADULTA
PATERNIDAD/MATERNIDAD
SENECTUD

Y junto a estas palabras escribe uno o dos adjetivos que describan el sabor de aquella época de tu vida; si no tienes hijos, describe cómo te imaginas que habrían sido para ti la paternidad o la maternidad.

¿Qué dicen esas palabras descriptivas de todo tu recorrido vital y del punto en que ahora te encuentras?

Y si no tienes la sensación de haber vivido el tiempo suficiente como para ser anciano, escribe entonces una palabra que describa cómo querrías que fuese la senectud cuando llegues a ella.

Tal como dijo el propio rey Lear, agotado de tanta agitación interna y reconciliado al fin con su hija menor, con su incipiente vejez y senectud final:

> *Así nuestra vida será rezar y cantar, y contaremos viejas historias,*
>   *y nos reiremos contemplando*
> *mariposas doradas...*
> *Y penetraremos en el misterio de las cosas*
> *como si fuésemos espías de Dios.*

4

«Me gusta envejecer»

Durante la investigación y redacción de este libro he aprendido una verdad sencilla: hay personas a las que les gusta envejecer y hay personas a las que no les gusta. Le mandé un correo electrónico a una vieja amiga, Stephanie, para preguntarle qué tal llevaba el hecho de envejecer, y me contestó: «Te cuento lo que significa para mí hacerme mayor. Tengo cincuenta y tres años y ¡estoy encantada con mi edad! Tengo un trabajo que realmente me gusta, puedo vestirme como me da la gana ¡y no tengo que preocuparme de lo que piense la gente! Estoy agradecida por la vida que tengo ahora».

Ésa fue la breve lista de motivos por los que le gustaba hacerse mayor. Mi lista no es tan larga. Me encanta estar sano; teniendo en cuenta mi historial médico, es muy importante para mí. Mi hijo, de treinta y siete años, triunfa en su carrera y tiene una vida social intensa, lo cual me hace feliz. Estoy felizmente casado con mi mujer de cuarenta y dos años, que ha estado siempre incondicionalmente a mi lado.

Le he preguntado a un montón de gente qué es lo que les gusta de envejecer, y he oído un sinfín de respuestas distintas:

HACER LO QUE QUIERO

LA GRATITUD

VOLVER A TENER FINES DE SEMANA

QUE LOS NIÑOS SE HAN IDO DE CASA

TENER TIEMPO PARA VIAJAR

LA POSIBILIDAD DE PERSEGUIR MIS SUEÑOS

EL VOLUNTARIADO

DEVOLVER A MI COMUNIDAD LO QUE HE RECIBIDO

TENER UN ROPERO MÁS PEQUEÑO

TENER TIEMPO PARA BUSCAR EL SENTIDO DE LA VIDA

NO TENER QUE ESTAR ATRACTIVA TODO EL TIEMPO

PASAR MÁS TIEMPO CON LAS PERSONAS QUE ME IMPORTAN

Algunas veces la gente exclama: «¡Estoy en la etapa más feliz de mi vida!»

Eso es también básicamente lo que dijo Stephanie. Pero yo sabía que no siempre había sido tan feliz. ¿Qué le hacía ser tan optimista? Quise encontrarme con ella para poder oír su historia.

Stephanie

Nos citamos en una cafetería y comprobé que su aspecto había cambiado. Llevaba unos pendientes de aro y un collar turquesa y plateado. También tenía el pelo más largo. La última vez que la vi vestía un traje de chaqueta. Cuando le comenté lo relajada que se la veía, me dijo:

—Es que ahora lo estoy.

—¿Ahora? ¿Qué ha cambiado?

Ella se rió.

—Tengo un trabajo nuevo. Una vida nueva. Una nueva forma de ver las cosas.

Y procedió a ponerme al día. Su marido y ella se habían separado dos años antes y recientemente había dejado un empleo que hacía años que odiaba.

—¿Cómo te sentiste?

—Durante aproximadamente cinco minutos me sentí genial. Luego aterricé. Me estaba ganando bien la vida, acababa de divorciarme y había dejado el empleo en medio de una recesión brutal.

—Fuiste valiente.

Ella se rió.

—Sí. Luego me fui al cuarto de baño y vomité.

—¿Qué pasó después?

—Conseguí un trabajo como diseñadora gráfica por la mitad del sueldo, vendí en eBay mis trajes de empresa y empecé a comprar en tiendas de segunda mano. ¡Ah, sí! Y me compré un perro. A mi ex nunca le gustaron los perros.

—Un montón de cambios —le dije.

—He tenido suerte; las cosas me han salido bien —replicó Stephanie.

Cambios

Las cosas cambian. Para las personas eso es muy desalentador. No puedes estar seguro de nada. No puedes tener nada. Y tienes que ver lo que no quieres ver. Así que cambia los pilares de tu vida [debes hacerlo]. «Que las cosas cambien» es la razón de que sufras en este mundo y te desanimes. [Pero] si cambias tu forma de ver las cosas y tu estilo de vida, podrás gozar plenamente de ella a cada instante. La evanescencia de las cosas es la razón de que disfrutes de la vida.[3]

SHUNRYU SUZUKI

Stephanie no había leído el libro de Suzuki (ni tan siquiera era budista), pero su historia es un buen ejemplo de la enseñanza del maestro. Su vida no iba bien. Las cosas estaban cambiando a su alrededor y no positivamente. Le resultaba incluso muy desalentador. Suzuki describió bien su situación cuando dijo: «No puedes estar seguro de nada. No puedes tener nada. Y tienes que ver lo que no quieres ver».

Pero, tal como ella dijo, descubrió «una nueva forma de ver las cosas». Dejó de ser una víctima del cambio y se convirtió en un agente del mismo. Para cualquier persona de fuera, los cambios que hizo en su vida parecían arriesgados. Se mirara por donde se mirara, su vida era menos segura que antes. Pero aceptando el cambio y responsabilizándose de éste, descubrió la manera de disfrutar de la vida.

Investigación de la felicidad

En 2010, el psicólogo Arthur Stone, de la Universidad de Stony Brook, llevó a cabo un importante estudio en el que encuestó a 340.000 personas sobre la felicidad, y descubrió que los cincuentones generalmente son más felices que la gente más joven. Afirmó: «En general, la satisfacción vital de la gente mostraba un patrón en forma de U, que se hundía a partir de los treinta y pocos años hasta más o menos la cincuentena antes de volver a tender al alza». ¿Por qué la gente mayor es más feliz por regla general? Los investigadores no estaban seguros, pero aportaron unas cuantas ideas: quizás a la gente mayor se le dé mejor gestionar el estrés que a los jóvenes, sencillamente porque está más acostumbrada a hacerlo. Otra teoría era que «la gente mayor posiblemente se centre menos en lo que ha conseguido o dejado de conseguir y más en cómo aprovechar al máximo lo que les queda de vida».

Todo eso me pareció sensato. Cuando estás forjándote una carrera, cuidando de tus hijos pequeños y lidiando con el estrés del trabajo y las relaciones personales, la vida puede ser verdaderamente complicada.

Tras leer este estudio, llamé a Stephanie y le pregunté si sabía por qué se sentía más feliz ahora que cuando era más joven, y me contó que había acabado comprendiendo que querer aquello que no podía tener no le llevaría a ninguna parte. «Querer todas esas cosas me estaba volviendo loca. Ahora no me importa tanto lo que no puedo tener.»

A eso se refería Suzuki cuando dijo que tienes que «cambiar los pilares de tu vida». No podemos evitar los problemas vitales básicos, pero sí podemos, en palabras de Suzuki, «cambiar nuestra forma» de verlos.

Estas percepciones ancestrales están siendo confirmadas por una nueva especialidad en investigación llamada «investigación de la felicidad». El estudio de Stony Brook es un ejemplo, y hay muchísimos más. En total, esta investigación ha identificado tres factores que tienden a fomentar la felicidad duradera: una «reformulación» de las experiencias difíciles (ver las cosas de otra forma, como hizo Stephanie), la generosidad y la gratitud. Estos dos últimos son conceptos con los que estamos familiarizados; lo revelador de la investigación de los mismos es el incremento apreciable de la satisfacción no sólo en el receptor de estos dones, sino también en el dador. La «reformulación» es un poco más difícil de definir, pero básicamente significa cambiar de actitud con respecto a una situación, pasando del pesimismo al optimismo (en otras palabras, el poder del pensamiento positivo). ¡Realmente funciona! El Dalái Lama ha dicho: «Si la ciencia refuta algún aspecto de las enseñanzas de Buda, el budismo tendrá que cambiar». En este caso, no es necesario que el budismo cambie, porque enseña precisamente estas fuentes de felicidad: ver las cosas desde otro prisma, la generosidad y la gratitud.

Christina

La inauguración de la exposición de Christina en la galería de arte estuvo abarrotada de gente. Tardé varios minutos en abrirme paso entre la muchedumbre para llegar hasta la mesa de refrescos, y más tiempo incluso en localizar a Christina, que estaba al fondo rodeada de un grupo de admiradores. Inicié un lento recorrido para ver sus acrílicos brillantes, principalmente bodegones y paisajes soleados, y me fijé en que junto a unos cuantos cuadros había ya una pegatina roja que indicaba que estaban vendidos. No fue hasta que hube recorrido media sala cuando reparé en un letrero: EL 15 POR CIENTO DE LO RECAUDADO SE DONARÁ A LA FUNDACIÓN PARA LAS ARTES EN LAS ESCUELAS.

Esperé a que la muchedumbre se disipara hasta que al fin tuve ocasión de hablar brevemente con Christina.

«Gracias por venir», me dijo. «Me alegro de que hayas podido ver la exposición.» La felicité por su éxito artístico y por su generosidad al compartir lo recaudado con causas locales sin ánimo de lucro. Me dijo que se trataba de una «cadena de favores», que así ayudaría a que surgieran artistas nuevos, al igual que muchos años antes su profesor de arte de secundaria le había ayudado a ella. «Estoy tratando de establecer una conexión entre pasado, presente y futuro. Todo está conectado», dijo.

Luego le pregunté por Alan; no lo había visto en la exposición.

—Vendrá —dijo Christina—. Tenía una competición de atletismo.

—¿Qué tal va todo? —pregunté.

—Digamos que yo soy feliz y que él está en ello.

Christina no me había dado su lista de los motivos por los que estaba disfrutando de su envejecimiento, pero «devolver a la comunidad lo recibido de ésta» y «hacer lo que quería» probablemente figurarían en ella. Al igual que Stephanie, estaba asumiendo riesgos y haciendo avanzar su vida. Me pregunté si Alan y su matrimonio se quedarían rezagados.

Todo está conectado

El comentario de Christina de que «todo está conectado» era un mensaje de meditador a meditador; como budista supe lo que había querido decir. Se refería a una enseñanza esencial del budismo según la cual no existimos por nosotros mismos, sino que nuestra existencia depende de todo lo demás. A esto se refirió Shunryu Suzuki cuando en cierta ocasión dijo: «Estés donde estés, eres uno con las nubes, y uno con el sol y las estrellas que ves».

De joven me encantaba hacer excursiones por la montaña, donde sí me sentía uno con las nubes. Me gustaba alejarme de todo y rodearme de silencio. Visualizaba lo bonito que sería vivir en las montañas, lejos de las ciudades, la contaminación, el ruido y el caos. Entonces, un día, mientras bajaba con dificultad una empinada cuesta, comprendí de pronto lo tonto que había sido por creer que estaba solo. Ni siquiera podía dar un paso sin coger aire. Mi cantimplora estaba llena de agua de un riachuelo cercano. Mi mochila estaba llena de comida que había comprado en la tienda naturista. Todos mis amigos sabían que yo estaba ahí y esperaban mi regreso. Si no aparecía, vendrían a buscarme.

«Todo está conectado.» Es una enseñanza budista básica, y yo la había estudiado en los libros, pero no caí en la cuenta hasta ese momento en las montañas, cuando comprendí que no era únicamente un concepto; era mi vida. Sin otras personas, sin plantas ni animales, sin aire ni agua, no habría yo. Era más que la sensación de estar conectado. Me di cuenta de que el mundo y cuanto hay en él formaban una sola cosa.

Sin el aliento de su profesor, Christina no habría expuesto en solitario. Sin un círculo de amigos íntimos que le apoyaban a cada paso del camino, no habría habido una nueva vida para Stephanie. La investigación demuestra que la generosidad es causante de la felicidad duradera, pero no dice exactamente por qué. Puede que la explicación entera sea compleja, pero sabemos cómo nos sentimos cada vez que actuamos con generosidad. La generosidad renueva nuestra conexión con el mundo exterior y con la razón por la que estamos aquí. Nuestros espíritus se elevan y estamos más dispuestos a asumir riesgos.

Cuando los amigos de Stephanie le aconsejaron que «no dejara el empleo; ¡que era su salvación!», ella no escuchó; siguió adelante y aceptó ese riesgo. Intuyó que había una cuerda de salvamento distinta, una conexión más honda. Me explicó: «Tenía amigos; tenía habilidades. Hice diseño gráfico en la facultad y había seguido en contacto con ese campo. Sabía que los amigos que tenía en el mundo del diseño me ayudarían a empezar. No estaba sola, aunque aun así era arriesgado. Todavía se me pone la piel de gallina cuando pienso en ello».

Cuando Suzuki habló de «cambiar tu forma de ver las cosas y tu estilo de vida», estaba reconociendo la importancia de la asunción de riesgos, en la vida y en la práctica espiritual. También esto está en la base del budismo. Siddharta el Buda también asumió un riesgo dejando atrás una vida privilegiada. Cuenta la tradición que tenía veintinueve años (edad madura para la época y el lugar) y vivía en su palacio cuando decidió renunciar a todo eso y cambiarlo por la túnica de un nómada espiritual; ¡ha sido uno de los cambios de destino más asombrosos de la historia! La historia de Siddharta podría ser la de cualquiera. En la vida todos topamos con momentos en los que podemos decidir retirarnos o dar un salto. A medida que nos vamos haciendo mayores saltar parece más difícil; el envejecimiento tiende a volvernos reacios al riesgo.

El camino de Christina parecía diferente, pero en realidad no lo era. Los artistas afrontan riesgos internos. El fracaso y el anonimato son siempre una posibilidad. Muchos artistas no exponen en solitario en una galería de arte en toda su carrera. Stephanie y Christina tenían más o menos la misma edad y, pese a que no se conocían, eran compañeras de viaje. A su manera cada una había encontrado un sendero para disfrutar de la vida a cada instante.

Gratitud

Emma también era artista, veinte años mayor que Christina, de penetrantes ojos azules y espíritu vivo.

—¿Qué se siente al envejecer? —le pregunté.

—Me siento agradecida.

—¿Por algo en concreto?

Me enseñó sus manos, agarrotadas e hinchadas por la artritis.

—Estoy agradecida por poder seguir pintando. Durante mucho tiempo pensé que no podría hacerlo.

Asimismo me contó que dos de sus amigas habían fallecido recientemente, otra padecía un cáncer en fase avanzada, y ella tenía que cambiar la forma de pintar debido a sus dificultades para sujetar el pincel.

—Cuando era joven daba muchas cosas por sentado. Jamás pensé en que me haría mayor. Ahora que soy vieja, al pensar en ello me digo para mis adentros que los jóvenes desperdician la juventud. Si hubiera sabido entonces lo que ahora sé, me parece que habría vivido mi vida de una manera bastante distinta. Pero así es la vida. Nunca sabemos lo que sabemos hasta que lo sabemos, y entonces de nada sirve mirar atrás. En cierto modo, creo que ahora pinto mejor que nunca, porque he tenido que simplificar y ceñirme a lo esencial. No puedo usar tanto mi técnica.

Estábamos sentados en su estudio, y señaló una obra recién acabada, una acuarela de un atardecer sobre unas montañas costeras.

—Antes me habría esforzado para darle más textura, pinceladas más detallistas en el brezo y el resto de la vegetación. Ahora no puedo. Pero da igual. Cada atardecer que pinto significa un día más de vida. Ése es el don que me concede este cuadro.

La gratitud encabezaba la lista de los motivos por los que Emma podía disfrutar de su envejecimiento, pero también la búsqueda de significado. Cuando pintaba un atardecer, no era simplemente un atardecer. Cuando cogía un pincel, era más que un pincel.

La monja benedictina Joan Chittister ha escrito un magnífico libro acerca del envejecimiento titulado *El don de los años*, y cuando leí este pasaje pensé en Emma:

> Tenemos todo el derecho a vivir agradecidos por todas las etapas de la vida que nos han traído hasta aquí, por todos los recuerdos que nos proporcionan inmensa alegría, la gente que nos ha ayudado a llegar tan lejos, los logros que hemos esculpido en nuestros corazones a lo largo del camino. Estas experiencias piden a gritos que las celebremos. No forman parte del pasado; tampoco nosotros. Viven para siempre en nosotros.

Solemos definir la gratitud en función de nuestra valoración de las cosas. Pero cuando Suzuki, mi maestro budista, hablaba de gratitud, decía: «La gratitud *es* este instante». Algunos pensaban que lo decía porque su inglés no era muy bueno, pero yo no lo creo. Sabía lo que quería decir. La gratitud no es sólo una valoración; está relacionada con el hecho de estar aquí. No hace falta ir muy lejos a buscarla; ya la tenemos cerca.

Reflexiones contemplativas

PASEO DE GRATITUD

En la actualidad ando por dos motivos: para hacer ejercicio y por gratitud. Me gustan especialmente los perros que me encuentro. Los perros son muy vivos y espabilados, y todos parecen encantados de salir a pasear. Los olores del aire bastan para que estén agradecidos. ¡Qué fáciles son de contentar! ¿Cómo puedo parecerme más a ellos?

Los paseos de gratitud son para prestar atención y no pueden realizarse en un gimnasio ni una cinta de correr. Tienen que hacerse en plena naturaleza o por lo menos al aire libre. Cuando salgo a pasear tengo muy presente el pensamiento de gratitud y me fijo en aquello que atrae mi mirada. Recuerdo que antiguamente hubo un famoso monje chino que saludaba a todo con una inclinación de cabeza. Saludaba al árbol; saludaba a la piedra; saludaba al conejo que cruzaba el camino. Estaba agradecido; valoraba cada cosa que veía.

He descubierto que casi todo puede inspirar gratitud: un árbol, una hoja, un pájaro, una nube y especialmente un perro.

Cuando salgo a pasear me llevo una libreta y un bolígrafo. De esa forma puedo tomar notas de lo que veo y consultarlas más tarde. El rato que dedico a la gratitud durante mis paseos no es largo; unos diez minutos de promedio. Como acaricio y hablo a todos los perros con los que me encuentro, no recorro una gran distancia. Pero siempre vuelvo como nuevo. Una mañana de verano vi una zarzamora cargada de fruta, y poco después a dos ardillas peleándose por una bellota. Me fijé en ellas, pero hasta que volví a casa no fui capaz de entender por qué me había producido tanta satisfacción verlas. La zarzamora me recordó que lo dulce viene incluso tras un riguroso invierno. Lo aprendí con la lenta recuperación de mi enfermedad; las moras eran un doloroso recordatorio. Y las ardillas me recordaron lo absurdo que es discutir con la gente por nimiedades.

Te animo a que hagas del paseo de gratitud un hábito cotidiano. Si andas regularmente para hacer ejercicio, como insiste mi médico en que debería hacer yo, los primeros cinco o diez minutos puedes dedicarlos a la gratitud. Esos pocos minutos de observación agradecida serán tan beneficiosos para tu salud mental y espiritual como el resto del paseo para tu cuerpo.

Mi amiga Barbara camina tanto por gratitud como para hacer ejercicio, y cuando le hablé de mi amor por los perros, me contó lo mucho que le gustaban los árboles y observar cómo cambiaban con las estaciones. «Se limitan a vivir su vida», dijo. «Día a día. Las estaciones se suceden sin que nadie tenga que preocuparse por ello ni planificarlo por adelantado. Eso me inspira.

Ahora que me he jubilado quiero parecerme más a esos árboles.»

LOS GUIJARROS DE LA VIDA

Estoy en deuda con Paul, un sacerdote zen y compañero, por su reflexión sobre lo valiosa que es la vida humana.

Un día fui a verlo a su casa, y en un estante, al lado de una efigie de Buda, vi un cuenco lleno de guijarros.

—¿Qué es? —pregunté.

—Es lo que me queda de vida —contestó Paul.

—Entiendo —repuse, sin entender nada en absoluto.

Paul se rió.

—No, en serio. Cada guijarro de ahí dentro representa una semana del resto de mi vida.

—¿Cuántos has metido?

—Unos mil —me dijo—. Es el número de semanas que hay hasta que tenga ochenta años. —Siguió explicándome—: Un buen día me puse a pensar que estaba haciéndome mayor y que realmente no sabía cuánto tiempo viviría. No suelo pensar mucho en ello. Pero la vida humana es algo muy valioso. Me pregunté si podría ser más consciente de ello.

»Tengo un camino ancho de gravilla delante de casa. Así que conté los guijarros y los metí en el cuenco. Cada lunes por la mañana, después de meditar, saco uno y lo devuelvo al camino. Una semana menos; ¡quién sabe cuántas me quedarán!

—Un ejercicio para tomar conciencia —dije.

—Sí. No siempre me sienta bien dejar otra vez el guijarro en el camino. Las piedras se mueven sólo en una dirección. Pero hace unas cuantas semanas mi mujer me contó que cada cierto tiempo, cuando yo no estoy en casa, coge un guijarro del camino y vuelve a ponerlo en el cuenco.

—¡Qué detalle! —dije—. Por lo que no sabes realmente cuántos guijarros hay ahí dentro, ¿verdad?

—No —contestó Paul—. Es un misterio.

Inspirándome en Paul hice mi propio cuenco de pequeños guijarros que cogí del camino de grava de mi jardín. Al principio me dejó consternado ver qué poca cantidad de guijarros equivalían a diecisiete años. Luego metí la mano en el cuenco, hasta el fondo, y los examiné con los dedos. De repente me parecieron bastantes.

Todo depende de cómo los mires.

LA ORACIÓN DE ACCIÓN DE GRACIAS

¿Cuántas veces al día digo «gracias»? ¿Diez veces, veinte, treinta quizá? Estaba solo leyendo, sentado en mi sillón, cuando se me ocurrió esto. Empecé a decir gracias en voz baja, una y otra vez: gracias, gracias. Al principio parecía mecánico y tímido. Pero no tardé en descubrir que cada vez que decía «gracias» me venía a la memoria alguna imagen. Gracias; y pensaba en la sabrosa cena que acababa de tomar. Gracias; y me fijaba en el libro que tenía en la mano, y pensaba en su escritor. Gracias; miraba por la ventana y veía los jirones de cirros rojos de la puesta de sol. Era como dar un paseo de gratitud mentalmente, y para invocarlo sólo necesitaba decir esta palabra. Me parecía al monje chino que saludaba a todo con una inclinación de cabeza.

Ésa fue mi oración de acción de gracias.

Ahora inténtalo tú.

LA SENSACIÓN DE GRATITUD CORPORAL

Repitiendo la palabra «gracias» sentí placer y ligereza. Sentí mi piel gratamente viva; todos los músculos relajados. Fue una sensación de bienestar.

La gratitud es una de las causas perceptibles de felicidad. Utilizando un escáner de resonancia magnética, los científicos han demostrado que una parte del lóbulo frontal del cerebro se ilumina cuando experimentamos gratitud, y esta sensación que tuve en el cuerpo fue la prueba de ello. Cada una de estas reflexiones de gratitud (el paseo de gratitud, los guijarros de la vida y la oración de acción de gracias) puede producir esa sensación de bienestar.

¿Cómo notas tu cuerpo cuando estás agradecido? La próxima vez sintoniza con él y observa. ¿Ser agradecido te hace feliz? En caso de que así sea, recordarte a ti mismo por qué estás agradecido puede ayudarte a fomentar la felicidad en numerosas situaciones, incluso cuando la vida te depare dificultades, como les pasó a Stephanie y a Emma.

Ésta es la clase de felicidad a la que se refería Suzuki cuando dijo: «Puedes gozar plenamente de la vida a cada instante. La evanescencia de las cosas es la razón de que disfrutes de ella». Debo confesar que la primera vez que leí esas palabras tuve mis dudas. La evanescencia implica la desaparición de todo lo que amamos. ¿Cómo es posible que sea la *razón* por la que disfrutamos de la vida? Stephanie descubrió que su estable matrimonio era evanescente; Emma descubrió lo mismo sobre sus ágiles dedos. ¿La desaparición de esas cosas era realmente el motivo de que pudiesen disfrutar de sus vidas?

Sí, eso es lo que ambas dijeron. La enseñanza de Suzuki es cierta. Disfrutamos realmente de la vida al soltar lo que ya se está escapando.

5

«No me gusta envejecer»

Es así: a algunas personas les gusta envejecer y a otras no. A las que no les gusta, tienen sus propios motivos:

MENOS ENERGÍA: FÍSICA, SEXUAL, EMOCIONAL

LA GENTE QUE CONOZCO ENFERMA Y MUERE

TENGO QUE CONFORMARME CON LO QUE HAY

PREOCUPACIÓN POR EL DINERO

MI VIDA NO HA SIDO COMO ME HABÍA IMAGINADO

FRASCOS DE PASTILLAS EN LA MESA DE LA COCINA

EL MUNDO ENTERO PARECE VOLVERSE LOCO

ENGORDO

Greg era ejecutivo de una importante empresa de tecnología. Rebosaba de energía, era ambicioso y estaba exclusivamente centrado en su carrera.

Cuando le pregunté qué le parecía tener que hacerse mayor, me contestó: «¡No me gusta!»

Le pregunté el porqué.

«Bueno, para empezar elegí la carrera equivocada.» Greg me explicó que había querido ser psicólogo, pero que su padre se opuso. «Con eso no ganarás dinero. Deberías hacer empresariales y conseguir un trabajo de verdad. Ganar dinero.»

«Y eso es lo que hice», dijo Greg. «Pero no es lo que yo quería. Cada vez que me ascendían, pensaba que ya lo había conseguido, que quizá podría cambiar de profesión. Pero nunca lo hice. Debería haberle plantado cara a mi padre para seguir mi propio camino. Pero era un tipo duro de pelar.»

La historia de Greg es otro ejemplo de «las cosas que pasan por casualidad». En su caso, esas cosas le habían llevado a la decepción, pero al escucharle me pregunté si acaso la vida de alguien sigue realmente un plan establecido. Seguramente no; y de todas formas, ¿qué es un «plan de vida»? No es más que un futuro imaginado. En el pasado, Greg había visualizado un futuro como psicólogo, pero quién sabe si habría sido más feliz así.

Al parecer, la infelicidad de Greg nacía de una comparación entre la vida que se había imaginado y la vida que tenía, pero yo me preguntaba si ésa era la única razón. El verdadero motivo no tardó en aparecer.

«Odio ver que la mejor parte de mi vida se me escapa de las manos», continuó Greg, «y odio pensar en la vejez y la enfermedad, y en que moriré enfadado y amargado como mi padre».

El padre de Greg había muerto apenas dos meses antes, y durante ese periodo él pasó muchas horas sentado junto a la cabecera de la cama de su progenitor en el hospital. «Me quedaba ahí sentado escuchando cómo hablaba sin parar de todas sus decepciones, y me di cuenta de que también mi vida se escapaba. Él no estaba contento con su vida, y yo no lo estaba con la mía.»

Como ocurre con frecuencia, Greg empezó a aceptar su propio envejecimiento a partir de la muerte de un progenitor. Entonces lo entendí. Cuando contestó a mi pregunta sobre el envejecimiento diciendo: «¡No me gusta!», la negatividad de su respuesta estaba condicionada por el dolor.

La semilla de mostaza

Hay una conocida enseñanza budista sobre el dolor llamada «La parábola de la semilla de mostaza». En esta historia una mujer llamada Krisha se presenta desconsolada ante Buda con un bebé muerto en los brazos y le suplica que le devuelva la vida. «Me han dicho que eres un gran maestro y sanador», dijo llorando. «Cura a mi pequeño, ¡por favor!»

Buda asintió y le dijo a Krisha que había hecho bien en acudir a él en busca de ayuda. «Puedo ayudarte», le dijo. «Hay una medicina que puede mitigar tu dolor. Pero debe contener un ingrediente importante que es preciso que encuentres.» Entonces Buda le pidió a Krisha que se fuese a la aldea y cogiese una semilla de mostaza de cualquier casa en la que nadie hubiese perdido nunca a un niño, a unos padres, a un cónyuge o amigo. «Con una pequeña semilla me bastará para preparar la medicina», dijo Buda.

Krisha, emocionada ante la idea de que Buda le devolviera la vida a su hijo, accedió de buena gana.

Con el bebé muerto aún en los brazos, fue de casa en casa explicando su petición. En todas las casas la gente se apiadaba de ella y decía: «Ten, coge todas las semillas de mostaza que quieras, pero por desgracia aquí también ha muerto mucha gente: hijos, hijas, padres, sobrinas, sobrinos, primos, de todo. Es inevitable. ¡Así es la vida!»

Krisha oyó esta misma historia en todas las casas a las que fue. Cada vez más desanimada, se sentó en una orilla del camino, desesperada. «¿Acaso no hay nadie que pueda darme una semilla de mostaza para llevársela a Buda?», pensó. «¿No hay ninguna esperanza?»

Cuando empezó a anochecer, Krisha de repente lo entendió. No conseguiría la semilla de mostaza descrita por Buda. El dolor es universal. El ingrediente secreto de la medicina de Buda no lo encontraría fuera, sino en su propio corazón afligido.

Krisha volvió corriendo donde estaba Buda para contarle que lo había comprendido, y tras oír su relato, él asintió y sonrió.

«Sí», dijo. «Ya lo has entendido. Ahora te has dado cuenta de la verdad de cómo son las cosas realmente. Vete a enterrar a tu hijo con toda la ceremonia y el respeto, y ten presente que tu dolor es el dolor de todos, que tu corazón es el corazón de todos. Ésa es la auténtica forma de devolverle la vida a tu hijo.»

Esta historia es un buen ejemplo de reformulación. Buda renovó el dolor de la madre no como una injusticia individual, sino como una tragedia universal. Hoy en día, un psicoterapeuta o un grupo de apoyo pueden ayudarte igualmente a superar la pérdida de un ser querido. El dolor de la madre no desapareció, pero el recipiente de éste se hizo más grande. Buda, que era un hábil maestro, no sólo le anunció a Krisha esta verdad interior, sino que la envió a descubrirla por sí misma. Tal como me dijo un psicoterapeuta en cierta ocasión: «Da igual que el terapeuta conozca la verdad. Lo importante es que la conozca el paciente».

La historia de la semilla de mostaza pone también de manifiesto el enfoque budista de las pérdidas del envejecimiento. Al igual que Greg y Krisha, cada uno de nosotros, a medida que se hace mayor, lleva sus propias cruces individuales. Si se miran aisladamente, esas cruces pueden parecer injustas. «¿Por qué me ha tocado un padre tan difícil?», pensaba Greg. «Hay personas que tienen padres cariñosos.»

«¿Por qué mi bebé ha tenido un destino tan cruel cuando a mi alrededor veo a madres con sus bebés sanos en brazos?», pensaba Krisha.

En cuanto a Greg, me pareció interesante saber lo que el doctor James, un psiquiatra, pudiera tener que decir acerca de su situación.

—Varón, de mediana edad y con un montón de pérdidas —respondió el doctor James cuando le describí la situación de Greg—. Suelo ver a gente como tu amigo.

—¿Cómo les ayudas?

—Depende. Si muestran síntomas de depresión clínica, entonces la medicación puede ser útil. Las más de las veces el tiempo y hablar les cura. Intento convencerles de que se lancen a ayudar a otras personas que lo necesitan. El voluntariado en una residencia de ancianos a menudo funciona. Los ancianos de verdad tienen mucho que enseñar a la gente de mediana edad.

El remedio que Buda le dio a Krisha fue parecido. La animó a buscar el contacto con los demás, yendo de puerta en puerta y hablando con sus vecinos sobre su dolor común. De ese modo, su sufrimiento fue sanador para sí misma y para ellos.

Hay cosas que no tienen arreglo

A Greg, su propio psiquiatra le había recetado antidepresivos. Se los tomó durante una temporada, pero paró. «Me ayudaban un poco, pero no lo bastante», dijo. «Esto no se arregla con una pastilla.»

Greg tenía razón. Vivimos en la era de los milagros médicos. Ya se trate de una válvula de corazón defectuosa, unas mejillas caídas o las decepciones de la madurez, tendemos a creer que la ciencia lo arregla todo. Si bien eso quizá sea cierto para la válvula de corazón defectuosa, en la vida hay algunas cosas que no tienen arreglo. Ésa era una de las lecciones de la historia de la semilla de mostaza.

Pero había una lección de mayor calado: ¿por qué deberíamos siquiera considerar que nuestra vida está rota? Puede que el problema esté precisamente en la idea de «arreglar». En el origen de todo desánimo hay una comparación: las cosas *deberían* ser diferentes, las cosas *podrían* ser diferentes, y como no lo son, me siento decepcionado y desanimado.

En *Zen Mind, Beginner's Mind* [Mente zen, mente de principiante], Shunryu Suzuki escribe acerca de los problemas que no tienen arreglo, del sufrimiento del que no podemos librarnos.

> Supongamos que tus hijos padecen una enfermedad incurable. No sabes qué hacer. No aguantas tumbado en la cama. En circunstancias normales, una cama calentita y cómoda sería el sitio donde estarías más a gusto, pero ahora no puedes descansar debido a tu zozobra. Quizás andes de un lado al otro, entres y salgas, pero eso no ayuda. En realidad, la mejor manera de aliviar tu sufrimiento mental es sentarte a meditar, incluso en semejante estado de agitación... No tienes otra forma de aceptar tu problema y trabajar en él. Si no tienes experiencia meditando con este tipo de problema, no eres un alumno zen. Cuando te sitúas en el centro de tu propio problema, ¿qué es más real para ti? ¿Tu problema o tú mismo? La verdad última es la conciencia de estar aquí y ahora.

Es posible que la enseñanza de Suzuki parezca dura. De hecho, cuando de joven la leí por primera vez, no había experimentado esta clase de sufrimiento y me ofendió que él dijera: «No eres un alumno zen». Me pregunté cómo iba a ser yo capaz de superar un listón tan alto. Sin embargo, Suzuki concluye con una idea compasiva: «La verdad última es la conciencia de estar aquí y ahora». En aquel momento no entendí muy bien lo que quería decir con la «verdad última», pero ahora sí lo entiendo. Ahora he experimentado en mi propia vida la clase de sufrimiento de la que él habló, y como sacerdote he asesorado a gente cuyos hijos, en efecto, se morían de una enfermedad incurable. A partir de la madurez, la mayoría de las personas conocen perfectamente este territorio. Suzuki no fue duro, sólo estaba siendo realista.

Asimismo ofreció un remedio: sentarse a meditar, incluso en semejante estado de agitación.

Suzuki escogió un ejemplo de sufrimiento que no tiene arreglo. Al hacerlo planteó una cuestión más profunda: huir de cualquiera de nuestros problemas (por tentador que eso pueda ser), en realidad, no ayuda. Lo único que realmente ayuda, dice, es encontrar una base firme en la que apoyarnos, entendiendo que «estás aquí y ahora».

Greg me contó que cuando su padre se despertaba en su cama de hospital se quedaba mirando a un punto fijo mientras decía entre dientes que su hijo le había decepcionado. Le sugerí que tal vez su padre delirara y quizá ni siquiera supiese que él estaba allí.

«Eso mismo me dijeron los médicos.» Greg se encogió de hombros. «Pero no me alivió mucho.»

Lo entendí. Y ahora que su padre se había ido, ya no había ninguna posibilidad de reconciliación. Su psiquiatra le había aconsejado que entrara en un grupo de apoyo psicoterapéutico. Greg lo intentó durante un tiempo, pero dejó de ir. «Fue útil mientras duró», dijo. «Pero no me ayudó a superar mi tristeza. Necesito cierta alegría en mi vida y allí no la encontré.»

Hace muchos años, cuando sentado en el sótano de mi casa me puse a pensar en mi cáncer, diciéndome a mí mismo que odiaba aquello, me sentía igual que Greg: frustrado, enfadado, triste y asustado. Y cuando aquella voz desconocida contestó diciendo: «Te quiero», experimenté la «verdad última» de Suzuki. Aunque tengas que morir por este odioso cáncer, dijo la voz, yo te quiero. Aunque no vuelvas a ver otro amanecer, dijo la voz, yo te quiero. El amor no sabe de circunstancias. El amor sólo tiene en cuenta que estás aquí y ahora.

La «verdad última» de Suzuki fue lo que me ayudó a superar esa crisis. A la voz que dijo «Te quiero» le daba igual que yo tuviese cáncer. Le daba igual que yo lo odiase o que no supiera

si viviría o moriría. Esa voz de amor permaneció incondicionalmente a mi lado, como ocurre siempre con el amor. Estoy contigo, me decía. Estés como estés o pase lo que pase, estoy contigo.

Greg necesitaba oír aquella misma voz y abrazar esa misma
verdad última. ¿Cómo lo haría?

¿Qué se puede hacer?

Greg no era budista ni profesaba ninguna otra religión. Tan sólo
estaba superficialmente familiarizado con la meditación. El consejo de Suzuki de sentarse a meditar en realidad no era una opción
para él. Además, como ejecutivo, enfocaba cualquier problema,
profesional o personal, buscando a un experto para arreglarlo.
Como no estaba contento con su médico actual, ya estaba buscando otro.

Suzuki diagnosticó su dilema al decir: «Quizás andes de un
lado al otro, entres y salgas, pero eso no ayuda». Posiblemente a
Greg le fuese mejor con otro médico, pero yo me preguntaba si
algún profesional podría tratar su problema esencial. Era como
si Suzuki le hubiese estado hablando a Greg cuando dijo: «¿Qué
es más real para ti? ¿Tu problema o tú mismo?»

Esa enseñanza no es únicamente para los budistas. Es un consejo universal que nos señala a nosotros mismos, que nos anima
a confiar en nuestros propios recursos internos. Eso no significa
que prescindamos de la ayuda externa. Greg necesitaba aseso-
ramiento, quizás hasta medicación. Cuando sufrimos, necesitamos toda la ayuda posible. Greg había intentado recurrir a otras
personas, pero por alguna razón esa medicación no acababa de
ser suficiente ni era la adecuada para su problema.

Todavía necesitaba entender la trascendencia personal del
«aquí y ahora», y experimentar el poder sanador de esa toma de

conciencia. Una verdad válida tanto si somos alumnos zen de Suzuki, escuchando sus enseñanzas, como si profesamos otra fe o ninguna en absoluto.

Le pregunté a Greg si podía hacer algo para ayudarle.

—Quítame veinte años y dame una nueva profesión —dijo.

—Me encantaría —repuse—, pero nada más puedo ofrecerte lo que tengo. Doy clases sobre el envejecimiento. Imparto talleres sobre el tema. Quizá te apetezca venir a uno. Allí conocerás a mucha gente como tú.

—Bueno, lo he probado casi todo —dijo Greg—. No tengo nada que perder. A lo mejor me ayudará.

Le expliqué que no tendría que intervenir si no se sentía cómodo. Que, si quería, podía sentarse atrás del todo y limitarse a escuchar.

Para mi sorpresa, al mes siguiente Greg vino a un taller de un día. No dijo gran cosa; principalmente se limitó a escuchar. Al acabar el taller fui a hablar con él y le pregunté qué tal le había ido. «Ha estado bien», dijo.

Cuando le pregunté si había habido algo a lo largo de la jornada que le gustara especialmente, al principio se mostró evasivo, pero ante mi insistencia dijo: «Lo del tiempo vertical ha sido fantástico. Me ha llamado mucho la atención».

Reflexiones contemplativas

TIEMPO HORIZONTAL Y VERTICAL

Envejecer significa notar el paso del tiempo. Es un poco como conducir por una autopista larga y solitaria. Cada día o mes es una señal de tráfico que dejamos atrás. Recordamos dónde hemos estado, nos imaginamos adónde es posible que nos dirijamos y tenemos la inequívoca sensación de que el coche avanza cada vez más deprisa. A esta clase de tiempo lo llamo «tiempo horizontal». El tiempo horizontal empieza en la infancia (más bien en la infancia que recordamos) y continúa en la adolescencia, la juventud, la plena madurez y en adelante. Es una historia que no termina hoy; continúa tras la curva hacia diversos futuros imaginados.

Greg estaba atrapado en su propio tiempo horizontal. Sus señales de tráfico decían: HAS ELEGIDO LA PROFESIÓN EQUIVOCADA; LA MEJOR PARTE DE TU VIDA YA HA PASADO; PRÓXIMA SALIDA, ENFERMEDAD.

Hay otra clase de tiempo que llamo «tiempo vertical», que hace referencia al momento presente: este cuarto, este libro, este cuerpo, esta respiración. El tiempo horizontal es en gran parte mental, mientras que el vertical es más físico y se manifiesta a través del cuerpo y la respiración.

A diferencia del horizontal, el tiempo vertical no tiene un antes y un después. Siempre está aquí mismo. En él no caben los recuerdos ni los futuros imaginados. Los recuerdos y futuros son como las cuentas que se pasan por un hilo; van desfilando ante nuestros ojos uno detrás de otro. El tiempo vertical se parecería más al hilo en sí.

LA CONTEMPLACIÓN

Para empezar siéntate cómodamente, en el suelo con las piernas cruzadas o en una silla. Procura mantener la espalda erguida. La espalda representa la «vertical» del tiempo vertical. Cuando estés bien colocado, cierra los ojos y visualiza tu trayectoria vital como una carretera que se prolonga a izquierda y derecha; tu pasado a la izquierda y tu futuro a la derecha.

A tu izquierda imagina los principales acontecimientos de tu vida en forma de señales de tráfico (como, por ejemplo, la jubilación, tu último empleo, los hijos, el matrimonio, la licenciatura, etc., hasta la infancia). Luego, extendiéndose a tu derecha, imagínate un posible futuro con las correspondientes señales de tráfico perdiéndose a lo lejos.

Éste es el tiempo horizontal. Incluso puedes levantar momentáneamente los brazos para sentir esa extensión a izquierda y derecha que representa la carretera del tiempo horizontal.

La mayoría tenemos esta imagen siempre en la mente. Nos ayuda a definir nuestra identidad. Fíjate en la diferencia de textura que hay entre pasado y futuro. El pasado está fijo; no puede deshacerse. Sus señales de tráfico son claras y nítidas. El futuro está confuso y lleno de incertidumbre; sus señales de tráfico son borrosas.

Ahora deja caer los brazos y entreabre los ojos. Observa dónde estás, y siente tu cuerpo. Siente la línea que va desde tu coronilla hasta el final de tu columna vertebral. Tu cuerpo está anclado a través del espacio vertical.

De igual modo que has visualizado el tiempo horizontal como una carretera que se prolonga a izquierda y derecha, visualiza ahora tu respiración como una columna que sube y baja. Al coger aire siente cómo tu respiración nace desde muy abajo, desde el cojín y la silla. Al exhalar siente cómo ésta desciende al mismo sitio. Arriba y abajo, subiendo y bajando, la respiración viaja verticalmente.

Este movimiento vertical no se va a ningún punto del espacio. No se desplaza desde un pasado seguro hacia un futuro incierto. Se limita a descansar permanentemente en el mismo sitio. A diferencia del vehículo en la autopista del tiempo horizontal, el tiempo vertical es como una casa que descansa sobre unos cimientos. Es firme.

Ni siquiera en el tiempo vertical desaparecen el pesar y las preocupaciones. Pero ya no son las únicas posibilidades. Cuando incluimos el tiempo vertical (la convicción eterna del momento presente) podemos escapar un poco de las señales de la autopista del tiempo horizontal.

Fíjate también en que los tiempos vertical y horizontal no están separados. Se encuentran en el centro del cuerpo. En cada momento existimos simultáneamente en uno y otro tiempo.

GREG Y EL TIEMPO VERTICAL

Un par de semanas después del taller me puse en contacto con Greg para que me contara más cosas de su experiencia del tiempo vertical y de por qué le gustaba.

—Fue interesante —dijo—. El tiempo horizontal me resultó realmente familiar, pero el vertical fue una novedad. Tuve la sensación de estar descubriendo una vieja parte de mí que había olvidado.

Entonces me describió su sensación de estar tumbado boca arriba en una balsa que flotaba en un lago tranquilo. Me explicó que solía hacer eso de pequeño cuando su familia pasaba los veranos en una cabaña a orillas de un lago.

—Recuerdo lo agradable que era aquella sensación. Me ponía a mirar las nubes y me dejaba ir completamente.

—¿Cómo ves ahora eso de hacerte mayor? —le pregunté—. ¿Alguna diferencia?

—Bueno, cuando recordé esa sensación en el lago no me sentí tan mayor. Es más, me sentí joven. —Pensó unos instantes—. Supongo que la vejez y la juventud son más una actitud mental que un hecho invariable.

Durante las semanas siguientes Greg empezó a sentirse más ligero, menos abrumado. Había comenzado a ir de nuevo a conciertos de jazz, una afición que antes le apasionaba y que prácticamente había abandonado. También dejó de buscar otro médico y decidió seguir con el que tenía.

«Mi médico quiere que vuelva a salir con mujeres», dijo Greg. «Sólo pensarlo se me ponen los pelos de punta. No lo sé, puede que lo intente. Seguro que es mejor que estar siempre solo.»

EL TIEMPO Y LA MUJER QUE PREPARABA EL TÉ

Hace mucho tiempo, Suzuki nos contó que la razón de que meditemos es poder disfrutar de nuestra vejez. Lo que quiso decir debería estar más claro ahora. No estaba hablando de una forma de eliminar por arte de magia nuestro sufrimiento. En el tiempo horizontal nuestra vida es la que es y nuestro sufrimiento continúa. Eso lo entendió Greg cuando dijo: «Esto no se arregla con una pastilla».

Suzuki quiso decir que en el tiempo vertical podemos disfrutar de la edad que tenemos. Y los ejercicios de contemplación pueden ayudarnos a entender cómo hay que disfrutar de cada instante del tiempo vertical, al margen de lo que haya ocurrido en el pasado o de lo que pueda estar a punto de ocurrir en el futuro.

De igual modo, cuando Suzuki describió la enseñanza básica del budismo diciendo «todo cambia», se refería a que todo cambia en el tiempo horizontal. En el vertical, las cosas simplemente son como son. No podemos compararlas con cómo eran antes ni con cómo serán después.

Una de las historias favoritas de Suzuki para ilustrar este extremo hacía referencia a De Shan, un monje zen de la antigua China. De Shan era un entendido en unas enseñanzas budistas llamadas *Sutra del Diamante*. Dondequiera que fuese, De Shan llevaba consigo una bolsa repleta de comentarios sobre el *Sutra del Diamante* y era conocido por su dominio de los mismos.

Un día se detuvo en una casa de té que había a la

orilla de un camino, donde servía una anciana. De Shan dejó su mochila llena de textos budistas y esperó mientras la señora preparaba el té.

Cuando la mujer se disponía a dejar la taza de té caliente delante de él, se detuvo y dijo:

—¿No es usted De Shan, el célebre estudioso del *Sutra del Diamante*?

—Así es —contestó él—. Soy yo.

—Verá —dijo la señora que preparaba el té—, soy una mujer pobre e inculta, pero hay un pasaje del *Sutra del Diamante* que nunca he entendido y no sé si podría explicármelo.

—Me imagino que sí —dijo De Shan mientras contemplaba la taza de té—. ¿De qué se trata?

—Bueno —continuó la mujer—, dice el *Sutra* que ni la mente pasada, ni la mente presente ni la futura pueden asirse.

—Sí, eso dice —repuso De Shan—. ¿Y cuál es su pregunta?

—Verá, venerable maestro —dijo la mujer con un repentino destello en la mirada—, ¿con cuál de esas mentes se beberá esta taza de té?

De Shan reflexionó unos instantes y se quedó atónito al darse cuenta de que, aunque llevaba años recitando y estudiando este pasaje del *Sutra del Diamante*, en realidad no lo entendía. No podía beberse el té en el pasado, puesto que ya no existía; no podía beberse el té en el futuro, porque todavía no había llegado. Y el presente estaba en continuo movimiento; el pasado fluía hacia el futuro a cada instante. Comprendió que el significado más profundo del *Sutra del Diamante* no era algo aprehensible por el intelecto. De Shan se marchó apresuradamente sin beberse el té. Poco tiempo después quemó todas sus notas del *Sutra del Diamante* e ingresó en un monasterio zen para continuar formándose.

Las tres mentes, pasada, presente y futura, son aspectos del tiempo horizontal. El vehículo del tiempo horizontal siempre está en movimiento. No hay ninguna posibilidad de hacer un alto para tomar una taza de té ni para nada más. En el tiempo horizontal es imposible asir nada, ni pasado, ni presente ni futuro. No podemos situarnos en el tiempo de la misma manera que el pájaro del cielo tampoco puede situarse en el espacio. Todo cambia; todo está en movimiento. Sin embargo, en el tiempo vertical todo es accesible; todas las posibilidades descansan libremente.

Consideraciones
sobre el envejecimiento

6

La ciencia
del envejecimiento saludable

Decidí escribir este libro porque intuí que la práctica espiritual y el envejecimiento saludable van de la mano. Ahora parece que la ciencia lo confirma. El doctor Roger Walsh, catedrático de psiquiatría de la Universidad de California, en Irvine, ha escrito recientemente un artículo donde resume esta investigación.[4] Empezó detectando que el estilo de vida que elegimos incide en todas las enfermedades relacionadas con el envejecimiento, tales como la cardiopatía, la obesidad, la diabetes y el cáncer, lo que en sí es una noticia importante para cualquiera que esté en la segunda mitad de su vida.

El doctor Walsh elaboró entonces una lista de ocho factores del estilo de vida de probada contribución a un envejecimiento saludable. Éstos incluyen el ejercicio, una buena alimentación, pasar tiempo en plena naturaleza, las relaciones, el ocio, el control del estrés y la entrega al prójimo. Nada más ver esta lista me di cuenta de que el enfoque espiritual del envejecimiento y las investigaciones modernas tenían mucho en común. Y cuando leí el último factor (participación religiosa y espiritual), quedé convencido de ello. Los taoístas y budistas antiguos combinaban la meditación, el ejercicio, la dieta, las hierbas y los minerales para contribuir a la longevidad. ¡Seguramente por algo lo harían! La investigación moderna apunta en la misma dirección.

Control del estrés

A las pocas semanas de nuestra entrevista me llamó Alan, el profesor de historia y entrenador de atletismo, para contarme que se había apuntado a una clase de reducción de estrés basada en la meditación. «Volví a ver al médico y me dijo que me había subido la presión arterial. Me preguntó si se había producido algún cambio en mi vida y yo me limité a reírme.»

Como Alan meditaba con regularidad, ya estaba familiarizado con el uso de la meditación para el estrés. Sirviéndose de un método de meditación de atención plena desarrollado por el doctor Jon Kabat-Zinn y explicado en su libro *Wherever You Go, There You Are* [Dondequiera que vayas, ahí estás], muchos profesores de reducción de estrés basada en la atención plena están trabajando por todo el país en hospitales, clínicas y centros de salud mental. Alan pudo encontrar una clase en un hospital cercano a la escuela donde trabajaba.

Leí con interés un reciente artículo[5] que definía la meditación como una práctica consciente que centra la mente y entrena la atención, y conduce a sensaciones de calma y bienestar. Continuaba diciendo que la meditación es una práctica extendida por todo el mundo que está presente en todas las grandes religiones.

¡Cómo han cambiado las cosas desde la época en que empecé a meditar en mi habitación de la residencia de estudiantes de la facultad! En aquellos tiempos la meditación era poco conocida y entendida.

Un día mi tutor de la universidad me llamó a su despacho y se aclaró la garganta antes de hablar.

—Señor Richmond, me he enterado de que enciende usted incienso en su habitación y... *medita* —dijo la palabra con desagrado.

Me apresuré a asegurarle que no estaba haciendo nada abominable.

—Mi especialidad es la filosofía —le dije—. Concretamente, el neoplatonismo.

Por algún motivo aquella explicación le satisfizo, aunque no tardé en deshacerme del incienso.

Hoy en día, se habla de la meditación en sus diversas formas en el programa de Oprah Winfrey, se explica en los folletos de seguridad de los aviones y se enseña en miles de libros, artículos de revistas, páginas web y centros de retiro. La meditación está entre nosotros. La ciencia occidental tiene muchísimos medicamentos para controlar la presión arterial, la ansiedad y el estrés, pero Alan no quería tomar pastillas y convenció a su médico de que le dejara probar primero la meditación. El artículo de la revista *American Psychologist* respaldaba la decisión de Alan. En él se decía que «desde hace cuatro décadas varios centenares de estudios» confirman que la meditación puede ayudar en casos de afecciones como la presión arterial alta y conducir a «una sensación de mayor autocontrol y autoestima». Cada una de las reflexiones contemplativas de este libro es un tipo de meditación de base budista y cada una de ellas ofrece un camino secular para disminuir la inquietud, fomentar la aceptación y aumentar la sabiduría. La ciencia moderna, que tiene abundantes sistemas de medición objetiva del estrés, confirma que la meditación realmente funciona; sin fármacos ni ninguna otra intervención externa. Los métodos budistas alteran nuestro estado mental desde el interior, volviéndonos más autosuficientes a la hora de resolver nuestros propios problemas. A Shunryu Suzuki le gustaba decir que la meditación era una forma de convertirnos en los «jefes de todo». Ésa era su manera desenfadada de decir que podemos confiar en nuestros propios recursos internos.

Pasar tiempo en plena naturaleza

Siempre me ha gustado disfrutar de la naturaleza. Mis primeras experiencias espirituales tuvieron lugar en un bosque cercano a mi facultad, e incluso en la actualidad ejercicios como los paseos de gratitud me mantienen en contacto con la naturaleza.

Cuando era universitario no la valoraba. Puede que la mía sea la última generación del mundo industrializado que sienta eso. Ahora en todo el mundo la gente pasa cada vez más tiempo en entornos artificiales: edificios de oficinas, centros comerciales subterráneos, apartamentos e incluso casas. Lo más cerca que muchos están de la naturaleza es una ventana o una planta de interior. Este «experimento global», en palabras del doctor Roger Walsh, tiene consecuencias, y las enumera: trastornos del estado de ánimo y del sueño, déficit de atención y un mayor deterioro cognitivo en la tercera edad. El mundo multimedia de la televisión, Internet y los teléfonos móviles nos separa aún más de la naturaleza.

La generación del *baby boom* se crió sin ordenadores, iPods ni teléfonos móviles. De hecho, los inventamos nosotros. Pero ahora los hemos aceptado de buena gana y estamos rodeados de ellos. Facebook, originalmente creado para adolescentes, ha tenido una enorme acogida entre los mayores de cincuenta años. Justo cuando los que rebasamos la cincuentena necesitamos más que nunca el poder restaurador de la naturaleza, pasamos más tiempo conectados a Internet.

Recientemente el boletín de salud *Harvard Health Letter*[6] nos recordaba que «la luz tiende a levantar el ánimo de la gente, y normalmente hay más luz fuera que dentro». También hacía referencia a una novedosa investigación realizada en Inglaterra sobre el *green exercise*, que puso de manifiesto los beneficios que tiene para la salud estar al aire libre y la exposición al color verde.

Pensándolo bien, parece obvio. Evolucionamos en la naturaleza y nuestras sensaciones espirituales de unidad y culto religioso proceden de la naturaleza. Todas las religiones del mundo se constituyeron en entornos rurales. El judaísmo, el cristianismo y el islam surgieron en el desierto, donde el pastoreo y el cultivo de cereales determinaron las vidas de las personas. El hinduismo y el budismo nacieron en los bosques tropicales de la India, donde un ermitaño podía alimentarse de fruta y semillas y no necesitaba para su cobijo más que un gran árbol. Buda alcanzó la iluminación debajo de un árbol.

Hoy en día, ¿cuántos de nosotros conocemos a algún pastor, hemos separado el grano de la paja o cogido fruta en un bosque tropical? ¿Cuántos hemos crecido en un pueblo donde todas las generaciones viven juntas y donde los mayores enseñan técnicas de supervivencia a los niños? En muchos lugares del mundo la gente vive todavía así, pero incluso allí los teléfonos móviles están a la orden del día y las cosas están cambiando.

La naturaleza nos ayuda a envejecer bien porque nos nutre; por eso la llamamos madre naturaleza. Antaño la práctica espiritual estaba íntimamente ligada a la naturaleza. En la actualidad, hay una aplicación en el iPhone que te crea un altar y hace sonar una campanilla que te indica el inicio y fin de tu sesión de meditación. En Second Life, la página web de realidad virtual, tu «avatar» puede «visitar» un templo budista y acudir a una conferencia sobre meditación impartida por un sabio escarabajo o un robot espacial.

Estamos en un mundo nuevo que no sabemos hacia dónde

va. Antes me ganaba la vida diseñando *software* y reconozco que soy una especie de entusiasta de la informática. También pasé varios años en un monasterio en una montaña sin teléfonos ni electricidad, empapándome de las enseñanzas espirituales de la Gran Naturaleza, tal como la llamaba mi maestro. Ahora ambas experiencias forman parte de mí. Mi lado informático se ocupa del calendario de mi teléfono inteligente Droid, pero para el sustento espiritual vuelvo invariablemente a la Gran Naturaleza.

Entre los científicos medioambientales hay un movimiento llamado «hipótesis de la biofilia» que afirma que necesitamos un contacto regular con la naturaleza para mantener una salud mental normal; sin este contacto, nuestras mentes no funcionan bien. Tal vez esto explique por qué, cuando le pregunto a la gente qué es lo que no le gusta del envejecimiento, muchos contesten: «La sensación de que el mundo entero cambia muy deprisa». Las personas que en la actualidad tienen cincuenta o sesenta años recuerdan una época en que la naturaleza y el aire libre eran muy accesibles. Yo mismo pasé mi infancia en las afueras de la ciudad; al lado de mi casa había un terreno baldío. Me encantaba ese terreno y solía pasarme horas explorándolo o tumbado boca arriba en la alta hierba que crecía allí en verano hasta que segaban el heno. Hace poco volví a verlo. El barrio entero es ahora un centro comercial. El antiguo terreno baldío lo ocupan ahora un restaurante de la cadena KFC y otro de Jack in the Box.

Ahí plantado, en el aparcamiento, lloré por la desaparición de aquel terreno.

Participación religiosa y espiritual

No hace mucho encontré un artículo que repasaba más de setecientos estudios científicos en busca de la correlación entre la participación religiosa y la salud física y mental, y me quedé atónito al enterarme de que aquellos que asisten a servicios religiosos al menos una vez a la semana tienden a vivir *siete* años más que los que no asisten.[7] Algo cierto sobre todo cuando la participación religiosa incluye la entrega a los demás. El estudio no distinguía entre tipos de religión ni si las prácticas eran meditativas o contemplativas. Incluía toda clase de participación religiosa o espiritual.

Durante mi formación pasé muchos años asistiendo a servicios religiosos varias veces al día, y desde hace más de treinta dirijo grupos de meditación que se reúnen como mínimo una vez a la semana.

¡No sabía que la práctica meditativa constante tuviese un valor tan práctico! Me aseguraré de que los miembros de mi comunidad religiosa conozcan este beneficio extra. A mí este resultado me indica lo importante que es tener una vida espiritual, fundamental para el bienestar básico, y lo mucho que todos la necesitamos.

Pero ¿por qué pasa esto? Hoy en día mucha gente se siente apartada de la religión de su infancia. Conozco a muchas personas que creen que la mañana de los domingos es un momento ideal para navegar por páginas web de noticias, actualizar su página de Facebook y ponerse al día con el correo electrónico. Al mismo tiempo, los últimos sondeos sobre religión llevados a cabo por el Pew Research Center muestran que hay millones de personas interesadas en cuestiones espirituales, aunque no profesen ninguna religión concreta.

Para describir la práctica zen Shunryu Suzuki dijo: «En nuestra práctica dependemos de algo grande y nos situamos en ese gran espacio».[8] Esta frase me parece maravillosa porque, cambiando ligeramente las palabras, podría referirse a cualquier práctica religiosa. Alguien podría decir: «En nuestra religión dependemos de Dios y nos situamos cerca de Él». Dios es algo grande o, tal como lo definió san Anselmo, «aquello de lo que no puede concebirse nada mayor». Un budista no tendría nada en contra de las palabras de san Anselmo. Suzuki las habría aceptado sin problemas.

En cuanto a lo de vivir siete años más, es de suponer que ese resultado estará relacionado con el hecho de depender de algo mayor que nosotros mismos. El doctor Walsh afirma que el noventa por ciento de la población mundial participa en prácticas religiosas, por lo que prácticamente todo el mundo depende de algo más grande. En cierto modo, el envejecimiento es una etapa menguante: al hacernos mayores tenemos menos energía (física, sexual y emocionalmente). Pero depender de algo grande contrarresta esta mengua. A medida que de forma individual nos volvemos más pequeños, la grandeza que hay en nosotros puede hacerse mayor. Al igual que la investigación sobre los beneficios de la meditación no establecía ninguna distinción entre sus distintos tipos y estilos, la investigación sobre la participación religiosa no hizo distinciones de fe. Sea cual sea nuestro estilo de meditación, sea cual sea nuestra fe religiosa, toda práctica espiritual redunda en un envejecimiento saludable cuando podemos situarnos en ese gran espacio.

Entregarse al prójimo

Las investigaciones modernas aseveran lo que todas las religiones ya sabían: que la entrega a los demás es beneficiosa para uno mismo. En palabras del Dalái Lama: «Si eres egoísta, sé un egoísta inteligente, es decir, ama y sirve a los demás, ya que el amor y el servicio al prójimo le ofrece a uno recompensas de otro modo inalcanzables».[9] Hay una serie de estudios que dan validez científica a esta verdad.[10] La gente que dedica su tiempo al voluntariado es más feliz, más sana y puede que viva más tiempo.

Debido a mis numerosas enfermedades, con frecuencia me piden consejo personas que padecen algunas crónicas o incurables. Y nunca es fácil. ¿Qué le dices a alguien que está enfermo y que probablemente no se recuperará nunca? Yo, en cada una de mis enfermedades, pasé por una etapa de desconsuelo. Ninguno de los buenos consejos que me daba la gente me servía, y solía pensar: «¡Qué sabrán ellos!»

Lo que ahora le digo a la gente es lo que he aprendido después de responder a las peticiones de ayuda de otras personas: que una de las cosas positivas de estar enfermo es que puede ser un regalo para los demás. Les insto a socorrer a alguien que necesite su ayuda.

Al leer la investigación sobre la entrega a los demás y el envejecimiento, topé con este comentario: «Si dar no fuese gratis, las compañías farmacéuticas podrían anunciar, en lugar del Prozac, el descubrimiento de un fármaco nuevo y formidable llamado Devolver».[11]

Afortunadamente para todos nosotros, dar es gratuito y va en todas direcciones: hacia nosotros mismos, hacia aquellos a los que ayudamos y hacia los destinatarios invisibles de una red más amplia de generosidad.

Alimentación

El artículo del doctor Walsh menciona tres aspectos para una alimentación sana: frutas y verduras frescas, el pescado como fuente principal de proteína y una reducción de calorías. En cuanto a lo último, el doctor Robert Russell, presidente de la Sociedad Americana de Nutrición, escribió recientemente que si bien la gente es consciente de los riesgos que la obesidad tiene para la salud, «esa concienciación no se ha traducido en ningún cambio de conducta importante».[12] En otras palabras, que aunque muchos de nosotros hagamos dieta para no engordar (yo desde luego lo hago), el éxito conseguido es escaso. Los estudios comparativos de diversas dietas como Weight Watchers, Atkins y la dieta de la Zona demuestran que todas ellas funcionan temporalmente. El problema es prolongarlas.

A mí me encanta comer. Es algo que todos mis años de formación zen no han cambiado. El doctor Russell explicó que ese problema no es sólo mío. Dijo que todos hemos evolucionado para acumular calorías que no necesitamos de inmediato. Hacer dieta implica «ir en contra de la programación de nuestros cuerpos». Aunque cada año que pasa me cuesta más mantener mi peso, mi formación zen me ha ayudado en un aspecto: la conciencia corporal. La meditación me ayuda a «sintonizar» con mi cuerpo y escuchar lo que me dice el estómago.

El estómago tiene dos funciones principales: digerir lo que comemos y avisarnos cuando tiene suficiente. Esa señal tarda un poco en llegar a nuestro cerebro, a menudo hasta unos quince o veinte minutos. Entretanto, puede ser fácilmente anulada por las emociones; hecho que conocen muy bien los fabricantes de aperitivos. La anulación emocional de un trozo de chocolate o una bolsa de patatas chips es intensa. Si estamos tristes, tenemos ansiedad o nos sentimos solos, la anulación es incluso más fuerte. Si pensamos en esa anulación como una especie de interferencia estática en la señal de saciedad del estómago, nuestra conciencia puede abrirse camino a través de ella.

En *Food Rules* [Reglas de la alimentación], la guía alimentaria superventas de Michael Pollen, el autor señala que muchas culturas han incorporado a sus costumbres alimentarias e incluso a su lenguaje esta atención al estómago saciado. Dice Pollen que los japoneses tienen una expresión para la saciedad que se traduce como «un ochenta por ciento lleno». Los franceses dicen «no tengo más hambre». No dicen «estoy lleno», sino simplemente que la sensación de hambre ha desaparecido. Como ocurre con muchos principios saludables, hubo un tiempo en que esta idea de comer con conciencia era popular.

La próxima vez que comas inténtalo. Proponte «escuchar» a tu estómago. Cada cierto tiempo pregúntale: «¿Cómo estás? ¿Tienes bastante?» La respuesta del estómago será una sensación (a menudo bastante sutil) de saciedad. Cuando hagas esto, fíjate en que hay otra señal disputándose tu atención: una voz que dice «¡Más! ¡Más!» Es la interferencia emocional. La interferencia suele ser más fuerte e intensa que la sensación del estómago, pero con la práctica y la concentración es posible oír la respuesta sincera del estómago.

Es un ejercicio de toma de conciencia y yo procuro hacerlo cada vez que como. A veces oigo lo que realmente me está diciendo mi estómago, otras veces no. Nunca deja de sorprenderme lo difícil que es este ejercicio. En ocasiones me digo a mí mismo que estoy haciendo la dieta CM: comer menos. Otras veces cedo con frustración y simplemente como lo que quiero.

Y, cuando todo esto fracasa, hago lo que ha descubierto mucha gente que tiene iPhones y teléfonos Android: hay aplicaciones para los teléfonos inteligentes que cuentan las calorías *online* para aquellos conscientes de lo que comen. En mi Droid yo uso una llamada «contador de calorías», y para el iPhone hay otra llamada «Tap and Track» que realiza un seguimiento de las calorías ingeridas.

Durante la segunda mitad de su vida millones de personas se ven envueltas en esta misma lucha, y así alimentan una industria de dietas y adelgazamiento que mueve miles de millones de dólares. Cada vez que veo un fragmento de una película antigua donde sale un delgado Fred Astaire bailando con una igualmente esbelta Ginger Rogers, sé que antes las cosas no eran así. Seguramente ellos no tuvieron que hacer dieta. En aquel entonces el tamaño de las raciones era menor, el ejercicio formaba parte indudable de sus vidas cotidianas y la nación no se convirtió en el país de la comida rápida hasta mediados de la década de 1950; en cualquier caso, todos tenemos que seguir intentando ingerir alimentos saludables, comer menos y escuchar al estómago. Deja que tu «instinto» te diga lo que necesitas saber.

De hecho, comer con sensatez es una buena práctica en cualquier etapa de la vida, pero especialmente en la segunda mitad de ésta. Tal como explica con claridad el doctor Walsh, todas las investigaciones demuestran de manera convincente que a medida que envejecemos las tres principales causas de muerte (cardiopatía, cáncer y diabetes) están estrechamente correlacionadas con el peso, el estrés y la alimentación.

Flexibilidad

Entrevisté a un psiquiatra, el doctor James, la mayoría de cuyos pacientes superaba la cincuentena.

—Según su experiencia —le dije—, ¿cuál es el factor más importante para envejecer con salud?

—La flexibilidad —contestó. No se refería únicamente a tener flexibilidad en las articulaciones, aunque eso también ayuda. Se refería a la flexibilidad mental, a la capacidad de ajuste y adaptación a los cambios físicos, mentales y emocionales a medida que envejecemos.

John, de setenta y tantos años, y Sybil, una sexagenaria, acababan de poner su casa a la venta, una casa en la que llevaban más de treinta años viviendo. Era una casa rústica de varios pisos en medio de unas cuantas hectáreas de tierra virgen que conservaba su belleza natural, y yo sabía lo apegados que estaban a ella.

Cuando les pregunté por qué la vendían, dijo Sybil:

—Los dos nos hacemos mayores. Ahora tenemos salud, pero puede pasar de todo. Si de repente uno de los dos ya no puede subir todas estas escaleras, no queremos tener que lidiar con el problema en ese momento. Queremos hacerlo ahora que podemos.

—Sybil y yo tenemos la intención —añadió John— de llegar a muy viejecitos juntos, y esta casa tiene muchos pisos y no es apropiada para envejecer. Ahora tenemos salud, pero me faltan trece años para los noventa y un resbalón en las escaleras podría cambiar todo nuestro futuro. Así que preferimos hacerlo ahora, cuando aún puede ser una aventura y podemos gestionar un gran traslado como éste.

John y Sybil son un ejemplo enternecedor de la flexibilidad a la que se refiere el doctor James. Es en verdad muy admirable que un matrimonio pueda llegar conjuntamente a esta conclusión. No siempre pasa.

Por el contrario, la elevada presión arterial de Alan era un indicio de que su resistencia a adaptarse a su propio envejecimiento le estaba causando estrés. Al igual que mucha otra gente, Alan había construido su carrera e identidad en torno a una imagen juvenil, competente y vigorosa de sí mismo. Al enterarse de la repentina muerte de un amigo su propia edad hizo tambalear esa imagen y le obligó a superar esas ideas establecidas de su persona. Alan dio un paso inteligente asistiendo a la clase de reducción de estrés, un primer paso que le ayudaría a ir en la dirección de la flexibilidad y el cambio.

Emma es otro buen ejemplo de alguien que descubrió una nueva flexibilidad para adaptarse a su artritis progresiva. Los artistas tienen ese don; a menudo tienen la capacidad de ver nuevas posibilidades que otros no pueden ver. Le pregunté si quería com-

partir conmigo algún secreto para adaptarse con éxito a la artritis. No estaba muy segura de tener ninguno, pero me contó que
sus amigos intentaban consolarla comparándola con Matisse,
otro artista que dio con la forma de seguir pintando pese a su
discapacidad física.

«¡Yo no quería que me hablaran de Matisse!», dijo Emma.
«¿De qué manera me ayudaba eso? Igualmente tenía que encontrar mi propio camino. Nadie podía hacerlo por mí.»

Mientras hablaba se le cayó al suelo el pincel que tenía en la
mano. Me agaché para cogerlo pero ella me lo prohibió.

«Déjelo», me dijo. «Ahora no lo necesito.»

Reflexiones contemplativas

EL ARTE DE LA FLEXIBILIDAD

A medida que envejecemos nos volvemos menos espon-
táneos e impulsivos que cuando éramos jóvenes, y tendemos a adquirir rutinas inalterables. Eso sucede, en parte,
porque a los cincuenta o sesenta años nuestros gustos
han madurado y sabemos lo que nos gusta y nos funciona. Por ejemplo, yo cada mañana tuesto cuscús de
grano grueso, lo mezclo a partes iguales con cuatro tipos de cereales, lo espolvoreo con sal de sésamo y me
lo tomo con un huevo pasado por agua. He tenido toda
la vida para probar otros desayunos, y éste es el que
más me gusta. Este tipo de rutinas ayuda a que las vidas
de mucho ajetreo funcionen con más eficacia y fluyan de
forma más agradable.

Sin embargo, hay otro tipo de rutina que disminuye nuestra capacidad de flexibilidad, el factor más importante según el doctor James para envejecer con salud. Las rutinas de este tipo pueden anquilosarse y hacer que seamos menos capaces de adaptarnos a los cambios inevitables de la edad. La rigidez disminuye los placeres y las posibilidades de nuestras vidas y cierra puertas que es necesario que permanezcan abiertas para envejecer con plenitud.

Es algo que experimenté durante mi recuperación de una encefalitis, una infección cerebral casi mortal que a los cincuenta y dos años me sumió en un coma repentino de dos semanas. Los médicos no lograron averiguar la causa exacta de mi enfermedad, pero unos días antes de contraerla sufrí una picadura de mosquito tremenda que me hinchó todo el brazo. Acabada la rehabilitación y cuando estaba en casa recuperándome, me entró fobia a salir a la calle, especialmente durante la época de mosquitos, que en California dura varios meses. Aunque no había prueba alguna de que un mosquito hubiese sido el causante de mi encefalitis, había leído que los mosquitos *pueden* producirla (a través del virus del Nilo Occidental y enfermedades similares) y me entró un miedo irracional a salir a la calle por riesgo a contraer de nuevo la terrible enfermedad.

Sólo me puse a trabajar en mi fobia cuando me di cuenta de lo mucho que se había empobrecido mi vida sin los ratos agradables que pasaba en el jardín o en el parque. Las fobias, como muchos hábitos rígidos, son irracionales; no se van porque tú lo quieras. Pero la lógica puede ayudar. Saqué un lápiz y papel, y elaboré para mí mismo un ejercicio de preguntas y respuestas.

Escribí:

¿Estoy seguro de que el causante de mi enfermedad fue un mosquito?
Respuesta: No.

¿Qué posibilidades hay de que el virus del Nilo Occidental cause una encefalitis? (Le pregunté a mi médico al respecto.) Respuesta: Una entre cincuenta mil.

¿Puedo ponerme un gorro, camisa de manga larga y repelente de insectos durante la temporada de mosquitos? Respuesta: ¡Naturalmente que sí!

¿Qué pesa más, mi miedo a volver a contraer esta terrible enfermedad o mi deseo de tener una vida normal con placeres normales? Tardé un rato en saber qué contestar. Tuve que hacer una auténtica introspección para acabar convenciéndome a mí mismo de que la respuesta se inclinaba por recuperar los placeres normales.

Desde el punto de vista médico, a esas alturas mi encefalitis había remitido hacía tiempo. Desde el punto de vista emocional, se había apoderado de mí una actitud rígida que me mantenía en un estado de terror. Pero a la larga lo superé. Mi cura definitiva llegó en pleno verano, cuando hice una excursión a la costa por uno de mis senderos favoritos, con Amy y una mochila repleta de cosas ricas para comer.

Ya que estamos en el apartado de reflexiones contemplativas de este capítulo, te pido que te preguntes a ti mismo si se ha apoderado de ti alguna rigidez. ¿Te has lesionado recientemente, has sufrido alguna enfermedad o accidente que te impida funcionar como antes? ¿Te disgusta o indigna no poder seguir corriendo porque tienes una rodilla mal, no poder seguir jugando al tenis porque tienes mal un codo, no poder seguir tocando el piano debido a la artritis?

¿Te has vuelto temeroso porque has sufrido algún trauma? ¿Eres como Linda, una vieja amiga que, debido al trabajo, sufrió un episodio de síndrome del túnel carpiano por el uso excesivo del ratón del ordenador? Aunque se curó de la afección, el estrés de la experiencia hizo que fuera incapaz de utilizar, o siquiera mirar, un ordenador sin sentir náuseas.

En cuanto hayas identificado tu propio miedo o rigidez, empieza por consolarte pensando que es algo que nos pasa a todos. Como segundo paso, evalúa la situación con sensatez. Saca un lápiz y papel, como hice yo, y escribe las preguntas que necesites formularte a ti mismo, junto con las respuestas. Puede que te parezca innecesario anotarlas de verdad, pero el acto de escribir es en sí poderoso. Los hábitos rígidos y los miedos se alojan en los rincones recónditos del inconsciente. Escribir y leer lo que has escrito ilumina ese rincón con la luz de la conciencia.

Inténtalo, a ver qué pasa.

Es posible que tengas que trabajar en tu problema durante días o semanas, especialmente si algunas de las preguntas que te formulas a ti mismo no obtienen una pronta respuesta. No insistas demasiado en obtener las respuestas. Trátate con indulgencia. A veces el inconsciente necesita tiempo para convencerse de que no pasa nada por dejarse ir, por volver a ser flexible.

En algún momento dado, la respuesta probablemente llegará sola. Podría ser en un sueño; podría ser despertándote de golpe en plena madrugada, mientras te duchas o mientras te tomas un café por la mañana. En el caso de Linda, ella supuso que el problema desaparecería subiendo el ordenador, el teclado y la pantalla al estante superior de su biblioteca. Estaban fuera de su alcance, pero emocionalmente sentía que podían alcanzarla (o hacerle daño). Pasó varias semanas con el ordenador allí arriba hasta que finalmente lo bajó.

El miedo se esfumó. Encendió el ordenador, escribió en el teclado, entró en Internet y vio una película de Laurel y Hardy en YouTube.

«En mi vida me había reído tanto», me dijo.

Hacer frente a nuestras propias rigideces puede resultar doloroso. En «Feliz Aniversario», un episodio de *La hora de Bill Cosby* que recuerdo con ternura, el doctor Heathcliff Huxtable les compra a sus padres unos billetes de avión para volar a París por sus bodas de oro.

—Te lo agradecemos mucho, hijo —le dijo su padre—. Pero no podemos ir.

—¿Por qué no? —le pregunta el doctor Huxtable.

—Verás —dijo su padre con voz entrecortada—, para empezar echaríamos de menos abrir la puerta de casa y coger todas las mañanas el *The New York Times*. Sí, eso nos gusta mucho. Echaríamos de menos el *Times*.

—Y yo tendría que sacar de la nevera toda la comida que acabo de comprar —apuntó su madre.

—¡Y mi avena! —añadió su padre—. No podría tomarme mi avena.

Lógicamente, eso no era todo. Los padres del doctor Huxtable eran mayores, y su estado de salud, delicado. Les daba miedo hacer un viaje tan largo a su edad, pero eran incapaces de reconocerlo, ni siquiera en su fuero interno. Durante la media hora que dura el capítulo, el doctor Huxtable intenta diversas estrategias para convencer a sus padres de que vayan. Pero no hay nada que hacer. Finalmente, aparecen sus padres sentados en el sofá de su casa, pensando en el viaje. Su madre reflexiona en voz alta:

—El soldado joven y apuesto con el que me casé me habría llevado a Europa.

—¡Tienes razón! —reconoce el padre—. Venga, vámonos ya. No le diremos a Heathcliff que vamos.

—Le mandaremos una postal desde París. —La madre se echa a reír.

Sin duda, en tu vida habrá algo semejante a ese viaje a Europa. ¿Sabrías tú también encontrar la manera de ensanchar la mente y superar las limitaciones de los hábitos?

Siempre se puede hacer algo para ser más flexibles.

7

Lo que enseña el budismo

A veces le pregunto a mi audiencia budista: «Al pensar en el budismo, ¿qué es lo primero que os viene a la mente?»

«La meditación», contestan. «Que la vida es sufrimiento.» «Iluminación.» «Compasión.» «Bondad amorosa.»

Cuando hago la misma pregunta a las audiencias no budistas, a menudo titubean. Y cuando les pregunto si los budistas creen en Dios, tan sólo unas cuantas manos se levantan. Dado que el budismo es mi fe y mi principal fuente de práctica e inspiración para escribir este libro, he pensado que sería una buena idea repasar ahora los fundamentos de lo que el budismo en realidad enseña, tanto a los budistas como a los que no lo son. El budismo ha sido durante siglos la fe dominante de los países asiáticos, pero fuera de las comunidades étnicas sigue siendo relativamente desconocido en Occidente, y hay una serie de malentendidos acerca de lo que en realidad es y enseña. Muchas de las personas que se consideran budistas han llegado al budismo en edad adulta, y primero supieron de su existencia gracias a los más de diez mil libros que sobre el budismo hay en inglés (o cada vez más a través de páginas web). Algunos de esos libros y páginas web hablan de la meditación, pero muchos no.

El budismo no es únicamente meditación

En la actualidad hay alrededor de trescientos setenta millones de budistas en el mundo y la mayoría no medita; al menos no medita de la forma tradicional, sentado y en silencio. La mayoría de los budistas salmodian el nombre de Buda o le dirigen sus oraciones. Asimismo los budistas asisten a servicios religiosos, recitan textos sagrados y oraciones y siguen las enseñanzas éticas del budismo. Pero ni siquiera para muchos monjes de los países budistas es habitual meditar con regularidad. Puede que esto sorprenda en Occidente, donde hay un gran interés por la meditación budista.

Una vez asistí a una boda entre miembros de distintas confesiones oficiada por un rabino. Tras la ceremonia me presenté y dije que era un sacerdote budista. «¿En serio?», me preguntó el rabino. «¿Conoce a Sylvia Boorstein?»

Le dije que era una buena amiga mía y él me contó lo agradecida que le estaba a Sylvia la comunidad rabínica local por haberles enseñado la meditación budista.

«En el pasado el judaísmo tuvo una rica tradición meditativa», dijo el rabino. «Su núcleo estaba en Europa del Este y Rusia. Pero mataron a todos sus maestros en la Segunda Guerra Mundial. Sylvia nos ayudó a redescubrir nuestras raíces.»

Cada religión tiene un tipo de práctica contemplativa. Si bien el budismo tiene numerosas prácticas meditativas, es ante todo un conjunto de enseñanzas éticas y un estilo de vida. Ha llegado a mis oídos la anécdota de que en cierta ocasión le pidieron a Thich Nhat Hanh, el maestro zen vietnamita, que resumiera las enseñanzas budistas en una palabra. Él dijo «*ahimsa*», que significa «no hacer daño» o «no violencia». Éste es el primer precepto ético del budismo. Es un término con miles de años de antigüedad y que se remonta al menos hasta el hinduismo védico de la antigua India. Mohandas Gandhi convirtió el *ahimsa* en el eje de su doctrina de la no violencia.

Cuando el Dalái Lama afirma que su religión es la bondad, está diciendo prácticamente lo mismo. Para los budistas, más fundamental incluso que la meditación es la sensación de que toda vida es sagrada y de que es una sola. Ésa es la doctrina que subyace a la no violencia. Si todas las vidas están relacionadas, entonces hay que evitar herir a los demás tanto como a nosotros mismos. A esta conexión Thich Nhat Hanh la llama «interser». Shunryu Suzuki Roshi dijo: «Cuando sientas que todo está unido, no hacer ningún daño será para ti algo natural».

Como budista, ésta es la regla de oro. Te consideres budista o no, practicar el *ahimsa* es seguir los valores budistas. La meditación nace del espíritu *ahimsa* y es una expresión central del mismo. La aplicación de la meditación budista al envejecimiento, tal como pretendemos en este libro, es otra aplicación del espíritu *ahimsa*. Nuestros cuerpos y mentes cada vez más frágiles y endebles son sagrados, y merecen la mayor bondad y atención. Respetar cada etapa de nuestro envejecimiento es el mayor acto de bondad que podemos ofrecernos a nosotros mismos y a aquellos que amamos.

La iluminación no es lo más importante

Shunryu Suzuki dijo en cierta ocasión: «No es que el *satori* [la iluminación] no sea importante, pero no es la parte del zen en la que hay que hacer hincapié».[13]

Siempre se ha dicho que Buda alcanzó la iluminación hace 2.500 años bajo el árbol Bodhi, y desde entonces la iluminación ha sido el eje de las enseñanzas budistas. Desde luego fue el eje de mi fascinación por el budismo cuando empecé a estudiarlo en 1967.

Sin embargo, Suzuki dice que la iluminación no es el punto donde hay que hacer hincapié. ¿Por qué diría eso? Probablemente porque es algo que deseamos en exceso. Esa clase de deseo es lo contrario de la iluminación. La iluminación no es algo que se tiene; es algo que se vive. Una vida de iluminación significa vivir con conciencia plena, manifestando compasión en cada circunstancia.

Puede decirse que el que es capaz de encarnar verdaderamente el significado profundo de la no violencia es alguien que lleva una vida de iluminación. El que es capaz de manifestar bondad en cada gesto, tal como enseña el Dalái Lama, está realmente poniendo en práctica el método de Buda.

Buda no solamente enseñó que «la vida es sufrimiento»

Ivan, mi hijo de treinta y siete años, comenta a veces entre amigos que su padre es sacerdote budista zen. «¡Sí, la filosofía ésa que dice que la vida es sufrimiento!», contestan a menudo. «Yo no podría acostumbrarme a eso.»

El budismo no es «la filosofía ésa que dice que la vida es sufrimiento», aunque es así como suele entenderse. A cualquiera que viaje a un país budista como Japón, Birmania o Tailandia, le sorprenderá la amabilidad de la gente y su pronta sonrisa. No parecen muy afligidos por una «vida de sufrimiento». Los amigos de Ivan se acercarían más al blanco llamando al budismo «filosofía de bondad».

Sin embargo, Buda enseñó las Cuatro Nobles Verdades, la primera de las cuales dice que «la existencia humana se caracteriza por el *dukkha*». *Dukkha* se traduce a menudo por «sufrimiento», si bien «frustración» o «desilusión» quizá se acerquen más al verdadero significado. Esta enseñanza no quiere decir que la vida sea *sólo* sufrimiento; quiere decir que el sufrimiento es inevitable, pero que podemos trabajar para evitar el sufrimiento innecesario. El *innecesario* es la clase de sufrimiento producido por el egoísmo, el miedo y la codicia. Buda enseñó que el egoísmo únicamente empeora nuestro sufrimiento, y que cuando somos generosos y afectuosos podemos asumir incluso la mayor de las dificultades. Es una lección importante, ya que se aplica al envejecimiento. Algunos aspectos de éste son delicados y no pueden evitarse, pero una actitud mental positiva puede deshacer las telarañas de gran parte de la ansiedad y el miedo.

El budismo y Dios

Un día fui a un programa de radio en directo donde me entrevistó una locutora cristiana y lo primero que me preguntó fue:

—¿Los budistas creen en Dios?

Tenía tan sólo unos segundos para pensar en la respuesta.

—Sí —dije.

—¡Estupendo! —exclamó la locutora—. ¿Y cómo rezan?

Le dije que rezábamos en silencio para entrar en contacto con nuestra naturaleza divina.

—¡Eso me gusta! —dijo la locutora.

Si hubiese contestado que no a la primera pregunta, eso habría acotado considerablemente la conversación. Pero no dije que sí simplemente porque la entrevistadora era cristiana. Pudiendo elegir entre sí o no, creo que un sí se ajusta más al espíritu esencial del budismo. Es posible que algunos maestros budistas no estén de acuerdo conmigo. Pero todo depende de lo que entendamos por Dios o Buda. Los budistas del mundo entero rezan a Amitaba o a Tara; formas que toma Buda, que escuchan las oraciones de cualquiera que pronuncie sus nombres. Cuando mi maestro enfermó, y durante el que fue su último año de vida, nos dijo: «Le he pedido a Buda que me dé diez años más». A mí aquello me pareció una oración.

San Anselmo consideraba que Dios estaba más allá de todo pensamiento o idea. Suzuki Roshi dijo: «Tenemos que creer en algo que exista antes de la aparición de toda forma y color».[14] El Dalái Lama dice: «Si alguien muestra un amor y una compasión genuinos hacia el prójimo y hacia la Tierra misma, entonces creo que podemos estar seguros de que esa persona demuestra un verdadero amor hacia Dios».[15]

Este principio de Dios tal como lo expresan Suzuki y el Dalái Lama es lo que quise decir cuando contesté a la locutora del programa de radio. Y cuando se trata de envejecer bien, creo que una manifestación espiritual tan universal es más importante que cualquier terminología o religión específicas. Parece que el Dalái Lama esté de acuerdo cuando dice:

En la juventud... es posible que una persona se sienta totalmente autosuficiente, que sienta que lo controla todo y llegue, por tanto, a la conclusión de que no necesita ninguna fe o comprensión más profundas. Pero con el tiempo las cosas cambian inevitablemente; la gente enferma, envejece, muere. Lo inevitable, o tal vez alguna tragedia inesperada que el dinero no puede arreglar, quizá pongan claramente de manifiesto lo limitado de esta visión del mundo. En esos casos... puede que sea más conveniente un enfoque espiritual.[16]

Práctica contemplativa budista

Aunque el budismo no es *solamente* meditación, tiene una intensa tradición contemplativa conservada hasta nuestros días por generaciones de budistas. Este tesoro está desplegándose ahora en Occidente, donde distintas escuelas, tradiciones y prácticas budistas aúnan esfuerzos por primera vez, si bien este popurrí de lenguas, doctrinas y prácticas puede resultar confuso incluso para los budistas convencidos.

Este libro se ha inspirado en las prácticas contemplativas de diversas escuelas budistas como recursos prácticos y útiles para el viaje del envejecimiento. He procurado exponerlas con sencillez y las he reducido a cuatro tipos: atención plena del cuerpo y la respiración; compasión y gratitud; emociones transformadoras y estado de conciencia espacioso. Cada uno de estos tipos tiene un sabor, una función y un significado concretos.

Atención plena del cuerpo y la respiración

En el budismo, «atención plena» significa «prestar atención constante libre de juicios a lo que está sucediendo». La atención plena es una forma especial de prestar atención. Aunque podemos ser plenamente conscientes de cualquier experiencia (física, mental o emocional), la atención plena del cuerpo y la respiración es fundamental. La práctica contemplativa budista se arraiga en el cuerpo.

Por lo general, no tenemos ningún problema para prestar atención a las cosas que nos gustan o nos divierten; podemos centrarnos perfectamente en la búsqueda del amor, el dinero, el poder y demás cosas que deseemos. La atención plena implica prestar atención nos guste o no, sin juzgar ni interpretar. Nos enseña a aceptar nuestra experiencia tal cual es.

El cuerpo físico es el indicador más persistente de nuestro envejecimiento, y durante la segunda mitad de su vida la mayoría de la gente presta mucha atención al cuerpo en lo relativo a su resistencia, vigor, los cuidados de la piel, la alimentación, la pérdida de peso y el atractivo. Pero ¿cuántos prestamos atención a nuestros cuerpos *sin juzgarlos*? ¿Cuántos experimentamos realmente nuestros cuerpos tal como son?

Envejecer respiración tras respiración, en el capítulo 2, y el tiempo vertical, del capítulo 5, son ejemplos de conciencia plena aplicada al cuerpo que envejece. En lo que respecta a nuestros cuerpos, el envejecimiento tiende a ser más rápido y causarnos más problemas cuando no somos conscientes de él. Si al levantarnos por la mañana no notamos que tenemos la zona lumbar un poco rígida, es más probable que conforme avance el día nos hagamos daño de verdad. Lo mismo vale para las lesiones mentales y emocionales; empiezan siendo pequeñas, pero si no les prestamos atención enseguida crecen.

Compasión y gratitud

La compasión empieza como una especie de atención plena. Nos entrenamos para fijarnos en nuestros propios sentimientos y los de los demás, e intentamos mantener ese estado de conciencia. Pero la compasión como práctica contemplativa va más allá de la atención plena. Es proactiva. Nos esforzamos activamente para generar y fomentar sentimientos de compasión, tanto al meditar como en la vida cotidiana. Es preciso que hagamos este esfuerzo porque no nacemos siendo seres plenamente compasivos. De hecho, de pequeños somos egocéntricos y nos centramos en nuestras propias necesidades. Es sólo cuando empezamos a entender que los demás también tienen necesidades que nace la compasión.

Incluso como adultos una parte de nosotros sigue exteriorizando esa criatura necesitada y egocéntrica, sobre todo cuando tenemos miedo, ansiedad o estamos deprimidos. Esa criatura también puede volver a surgir cuando nos sentimos abrumados por los desafíos del envejecimiento. Como budistas cultivamos el arte de la compasión siempre que podemos. La oración de la bondad amorosa que hay al término de este capítulo, así como la contemplación de dar y recibir del capítulo 9, son ejemplos de prácticas de compasión tradicionales. Las reflexiones de gratitud del capítulo 4 están estrechamente relacionadas.

La compasión y la gratitud pueden surgir de la conexión mutua. Son como un tónico diario que puede levantarnos el ánimo. Pero son mucho más que un medicamento. Son los principios o cualidades fundamentales de toda vida. De joven fui a catequesis, donde a menudo cantábamos la canción «Dios es amor». La canción me gustaba, aunque a los ocho años no sabía decir por qué. Ahora, al recordar ese sentimiento, me doy cuenta de que entendí perfectamente la verdad de esa canción. El amor es la forma de conexión más sublime. Incluso de niño lo entendí.

La inteligencia espiritual que naturalmente tenemos de pequeños nunca nos abandona. Está en nuestro fuero interno, esperando una llamada. Las prácticas para cultivar la compasión son así. Obtienen su poder de lo que ya sabemos. Cuando las redirigimos hacia nosotros mismos, la compasión y la bondad nos ayudan a ser comprensivos con nuestro propio envejecimiento y el de quienes nos rodean. Debido a las secuelas tanto de mis enfermedades como de la edad, se me caen de las manos más cosas que antes (vasos de agua, por ejemplo), y cuando me pasa eso, suelo ser muy duro conmigo mismo.

—¡Qué estúpido soy! —me reprocho.

—No digas eso —me recuerda mi mujer con cariño—. No eres estúpido. Sólo un poco más lento que antes.

Y entonces recuerdo que debo ser bondadoso conmigo mismo y también con los demás. No pasa nada por ser un poco más lento.

Entendimiento

Son dos los alimentos esenciales que nutren la práctica contemplativa: la focalización y el entendimiento. Sin focalizar no podemos ver con claridad y sin entendimiento la focalización en realidad no nos cambia. Todo el mundo es capaz de focalizar la atención cuando quiere algo. En el primer capítulo, el acaudalado mecenas de la historia de Ikkyu estaba centrado en conseguir un pergamino con el que impresionar a sus amigos, e Ikkyu en darle una lección al mecenas.

Sin focalizar, la meditación deviene ensoñación y fantasía. Pero la focalización meditativa por sí sola no es transformadora. Al meditar el acto de focalizar es como una lente o una lupa. Nos permite ver con más claridad nuestra experiencia. Eso es bueno, pero una vez que podemos ver mejor, ¿qué sabiduría nos aporta ver nuestra experiencia?

Detrás de toda práctica contemplativa budista está la convicción de que podemos crecer, podemos cambiar; y no sólo cuando somos jóvenes, sino a lo largo de toda nuestra vida. Hasta hace bastante poco, los neurocientíficos pensaban que nacemos con un número determinado y fijo de células cerebrales. Una percepción falsa que han corregido las nuevas técnicas de imagen y el descubrimiento de la «plasticidad cerebral». El cerebro genera constantemente neuronas nuevas y las genera en cantidad como respuesta a las lesiones.

Mi doctora, durante mi rehabilitación tras la infección cerebral que contraje, me contó una historia sobre la plasticidad del cerebro. Me dijo que cuando examinaban a los ratones después de enseñarles a correr por un laberinto en busca de queso, éstos habían generado muchas neuronas cerebrales nuevas. Pero que cuando para encontrar el queso tenían que *nadar*, el número de neuronas nuevas era enorme.

Este tipo de resultado ha transformado la medicina de rehabilitación y es, además, instructivo respecto a la práctica espiritual. Mediante el entendimiento obtenido con la práctica espiritual podemos cambiar, y al enfrentarnos a grandes retos nuestro cambio puede ser incluso mayor. En otras palabras, la meditación budista no consiste únicamente en estar relajado y tranquilo, sino en ver más allá de nuestros problemas y dificultades para encontrar un camino nuevo. Al igual que en el laberinto los ratones encontraron la manera de llegar hasta el queso (incluso pese a las tremendas dificultades), a través de la reflexión contemplativa podemos encontrar un camino hacia nuevas posibilidades y soluciones a los problemas.

Conciencia espaciosa

En meditación, la relación entre focalización y entendimiento puede también expresarse como un equilibrio entre esfuerzo y entrega.

Después de una sesión de meditación, Jim, uno de los participantes del retiro, se quejó de que le costaba mucho controlar la respiración.

«No paro de pensar en si me darán el trabajo que acabo de solicitar.»

Le recomendé que no se esforzara tanto y que se limitara a relajarse.

«Si me relajo, me dormiré», contestó.

Le dije que tampoco pasaba nada si se dormía, pues acabaría despertándose. El esfuerzo de focalización puede ser duro, especialmente para los principiantes. En el budismo, la mente dispersa suele compararse con un mono que salta sin parar, mientras que la mente centrada se visualiza como un elefante: tranquilo, constante y pausado. La meditación en estado de equilibrio a veces es representada por un mono subido encima de un elefante.

Al margen de los esfuerzos del mono y el elefante, hay otro tipo de práctica contemplativa más parecida a la entrega. Responde a muchos nombres distintos. En la tradición zen decimos «sentarse sin objetivo» o «ser consciente». El budismo tibetano habla de «descansar en la verdadera naturaleza» de la mente. Cuando hablo en un contexto interconfesional, probablemente use las expresiones «la oración del silencio» o «divina presencia». Decimos que este estado de conciencia es «espacioso» porque la sensación es parecida a un cielo azul y despejado o a un océano infinito. Lo llamamos «ser consciente» porque no nos centramos en nada concreto; sólo estamos despiertos y atentos.

En el budismo, descansar tranquilamente con una actitud relajada, abierta y espaciosa, sin propósito ni objetivo, se considera la forma más sublime de práctica espiritual, y el décimo capítulo está enteramente dedicado a ello. Si la mente dispersa es como un mono y la mente serena es como un elefante, podría pensarse en la práctica de «ser consciente» como en un resplandor que todo lo abarca y que incluye al mono, al elefante, a nosotros mismos y todo lo demás.

Este estado de conciencia espacioso se considera tanto una práctica avanzada como una práctica en la que incluso el mero principiante puede ejercitarse. Parece paradójico, pero ejercida por un principiante adquiere la cualidad y la sustancia de un estado de conciencia propio de principiante, y ejercitada por un meditador experimentado adquiere una cualidad más profunda propia de un estado de conciencia avanzado.

Por eso me gusta llamarla oración del silencio. A diferencia de otras aptitudes, la oración en realidad no es algo en lo que uno vaya adquiriendo «maña», aunque las personas que rezan de forma regular desarrollan una actitud de plegaria ante la vida. La oración es esencialmente una entrega y una súplica a aquello que nos trasciende. En este sentido la práctica budista del estado de conciencia espacioso goza de una universalidad que la hermana con otras religiones.

La oración de la bondad amorosa

La oración y contemplación de la bondad amorosa se ha convertido en una de las prácticas budistas más populares que se enseña en Occidente. Encuentra sus raíces en la bondad amorosa o las Escrituras Metta que enseñó Buda. Este escueto himno a la compasión nos exhorta a «amar a todos los seres vivos».

> Así como una madre cuida y protege a su único hijo, arriesgando incluso su vida, de la misma forma debe uno amar a todos los seres vivos con una mente ilimitada, bañando el mundo entero de amor, por encima, por debajo y envolviéndolo sin límites; y cultivar una bondad infinita hacia el mundo entero.

En mis propias comunidades espirituales, al término de cada sesión de meditación, recitamos el siguiente verso de las Escrituras que habla de la bondad amorosa:

> *Que me llene de bondad amorosa;*
> *que me libere del sufrimiento;*
> *que esté feliz y en paz.*

La repetimos tres veces en primera persona del singular, tres veces en primera persona del plural y tres veces más empezando con «que todos los seres...»; nueve veces en total. De esta forma se incluye a todo el mundo, incluso a todas las personas que hay en la sala.

Este recitado es una especie de plegaria de aspiración. Sabemos que no todas las personas, nosotros incluidos, están siempre llenas de bondad amorosa. Sabemos que no están exentas de sufrimiento ni tampoco están siempre felices y en paz.

No obstante, aspiramos a la bondad amorosa. Los escépticos quizá digan que los deseos no sirven de nada. Si queremos mejorar la felicidad en el mundo, dicen, tenemos que *hacer* algo de verdad. Esta plegaria no descarta *hacer* algo recurriendo a la acción directa. El capítulo 9, titulado «Devolver», está íntegramente dedicado a esa clase de acción.

Pero recitar esta plegaria ayuda en un sentido: cambia los corazones de aquellos que la recitan. Y cuando yo cambio, todas las personas que conozco y con las que tropiezo cambian al ver en mí ese cambio. Y lo mismo sucede también con esas personas; quien las conoce sufre un cambio. Es un poco parecido a lo de las cartas espirituales de cadena o, en la jerga del mundo de Internet, a un vídeo de YouTube de efecto viral.

Una vez me hablaron de una iglesia rusa debajo de cuyo altar, a dieciséis metros y medio bajo tierra, vivía un ermitaño en una celda. La gente que visitaba la iglesia jamás veía al ermitaño ni hablaba con él; a decir verdad, había hecho voto de silencio. Pero sabían que estaba allí. Debido al ermitaño, la iglesia adquirió renombre por su santidad. La gente acudía desde todas partes únicamente para estar cerca del ermitaño y sentir su bendición.

Éste es el poder de la oración. Cuando, debido a mi encefalitis, estuve en coma y a punto de morir, entre muchas comunidades budistas corrió la voz de que podía estar muriéndome. Estas comunidades me incluyeron en sus cánticos y recitaciones diarias. Recitaban la oración de la bondad amorosa por mí. Yo estaba en un coma tan profundo que no percibía el mundo exterior. Ni siquiera reaccionaron mis pupilas cuando los médicos me alumbraron con una luz en los ojos; lo cual era un síntoma nefasto.

No obstante, dentro de mi estado de coma tuve numerosas visiones. Recuerdo que en una de ellas estaba en un granero sentado con un grupo de gente sobre balas de paja. El verano agonizaba y la paja despedía un olor dulce. Algunas de esas personas eran budistas amigos míos; a otras no las conocía. Mientras charlábamos amigablemente hacíamos circular una bebida caliente, tal vez té o caldo. Cada cierto tiempo el grupo salmodiaba o cantaba algo. Era un sonido simpático y agradable.

Me sentía a salvo allí y sabía que cuidarían de mí. Estaba entre amigos.

Salí del coma dos semanas después.

Reflexión contemplativa

LA ORACIÓN DE LA BONDAD AMOROSA

La oración de la bondad amorosa tiene muchas variantes. Algunos maestros budistas organizan retiros en los que los participantes repiten la oración en silencio durante horas o días. Pueden aflorar experiencias profundas. Es una oración apta para cualquier circunstancia: tanto para los moribundos como para los que están sanos, para los jóvenes y también para los ancianos, para las personas que sienten dolor o que sufren y para las que están satisfechas. De ahí que pueda ser un recurso útil cuando envejecemos. Sean cuales sean nuestras circunstancias, tengamos la edad que tengamos o la salud que tengamos, podemos desearnos felicidad a nosotros mismos y a los demás.

Ésta es la versión de la oración de la bondad amorosa que recomiendo para envejecer bien:

Que envejezca siendo bondadoso conmigo mismo;
que envejezca aceptando las alegrías y las penas;
que envejezca feliz y en paz.

Repítela unas cuantas veces en voz baja, únicamente para saber qué sientes. Cuando yo la recito tengo la misma sensación que tuve tiempo atrás en aquel granero de mi estado de ensoñación. Me siento amigable, relajado, protegido. Todas las prácticas budistas para cultivar el arte de la compasión empiezan dirigidas primero a uno mismo. Hasta que seamos capaces de mostrar compasión hacia el valioso ser al que mejor conocemos, será difícil compartirla verdaderamente con los demás.

Ahora di la oración de la siguiente manera:

Que envejezcamos siendo bondadosos con nosotros mismos;
que envejezcamos aceptando las alegrías y las penas;
que envejezcamos felices y en paz.

Ahora estamos compartiendo este deseo no sólo con nosotros mismos, sino con nuestros cónyuges, familiares y amigos; con todos aquellos que nos acompañan en el viaje del envejecimiento. Porque no es un viaje que hagamos solos en absoluto. Todas las personas que conocemos están con nosotros.

Y para terminar di la oración como sigue:

Que todos los seres envejezcan siendo bondadosos consigo mismos;
que todos los seres envejezcan aceptando las alegrías y las penas;
que todos los seres envejezcan felices y en paz.

Ahora hemos ampliado nuestra oración para abarcar a todos los habitantes del mundo. Sean cuales sean las alegrías y las penas que acompañen nuestro envejecimiento, no solamente nos pertenecen a nosotros o a las personas que conocemos, sino a todo el mundo. En este viaje toda la humanidad camina de la mano. Es una expedición eterna; la hemos hecho desde siempre.

Puedes recitar esta oración al despertarte por las mañanas, a cualquier hora del día y al acostarte por las noches. Puedes emplear la versión tradicional («Que me llene de bondad amorosa...») o la versión para envejecer bien («Que envejezca siendo bondadoso conmigo mismo...»), o ambas.

En mis congregaciones, cuando acabamos de recitar la oración de la bondad amorosa en primera persona del singular, en primera persona del plural y después de dirigirla a todos los seres vivos, a veces digo: «Amén».

Tú también puedes hacerlo. Al acabar la oración añade: «Amén».

Sean o no auténticos los deseos de la oración en cualquier sentido material y objetivo, lo que sí es auténtico
es que los has expresado con sinceridad.

La oración es auténtica porque tú eres auténtico.

8

Superar los cinco miedos

Hace poco cené con un buen amigo mío, un médico que a sus setenta y nueve años sigue en activo. «He tenido una vida estupenda, Lew», me comentó. «Tengo hijos, nietos, una profesión gratificante; todo lo que cualquiera podría desear. No hay muchas cosas que me asusten, excepto una, el Alzheimer. Me da pánico. Preferiría morirme de un ataque al corazón.»

Mientras lo escuchaba reflexioné sobre cómo la gente mayor tiene muchos miedos en los que los jóvenes ni siquiera han empezado a pensar. Entonces recordé una enseñanza recogida en una antigua tradición budista llamada los «cinco grandes miedos»: el miedo a la muerte, el miedo a la enfermedad, el miedo a perder el juicio, el miedo a perder el sustento y el miedo a hablar en público. A excepción del último, estos grandes miedos parecen describir precisamente los tipos de ansiedad (como el miedo al Alzheimer de mi amigo) que conlleva el envejecimiento.

Durante cierto tiempo me pregunté por qué el quinto miedo (el miedo a hablar en público) aparecía junto con estos otros que constituyen una amenaza vital. Finalmente me di cuenta de que, en realidad, era la clave de los otros cuatro. Las personas que temen hablar en público pueden sufrir una ansiedad paralizante. Una mujer que padecía el quinto miedo me dijo: «Para serte sincera, Lew, preferiría que me degollaran antes que hablar delante de una multitud».

Entonces lo entendí. A estos cinco miedos se los llama «grandes miedos» porque todos ellos pueden causar pánico y activar el sistema nervioso autónomo. La posibilidad de morir, de enfermar, de perder la razón, de perder el sustento y, sí, incluso de hablar ante una multitud, puede inspirar pánico. Los primeros budistas agruparon estos miedos porque todos afectan de igual modo al sistema nervioso.

A mí me encanta hablar delante de grandes grupos de personas, pero, al igual que muchos de mis conocidos, tengo una dilatada experiencia con los otros cuatro miedos, de cada uno de los cuales hay una historia que contar.

Miedo a la muerte. Un amigo mío estaba de viaje por Europa cuando al salir del ascensor de su hotel empezó a marearse. Sintió momentáneamente que el pánico se apoderaba de él y pensó «se acabó» antes de perder el conocimiento. A los pocos segundos volvió en sí en el suelo y vio a una empleada del hotel inclinada sobre él. Pronunció una escueta oración de gratitud y esperó a que el corazón dejara de latirle con tanta fuerza. Más tarde un médico le dijo que se había deshidratado. Mi amigo se sintió aliviado, pero también supo que se había asomado al borde del abismo. Había afrontado el primer miedo: el miedo a morir.

Miedo a la enfermedad. Hace varios años me desperté una mañana con fiebre. Me tomé la temperatura, tenía 38,9 grados. Volví a tomármela al cabo de una hora y el termómetro marcaba 39,4. A mediodía estaba casi a cuarenta y, siguiendo el consejo de mi médico, me fui al hospital. Mi pánico era cada vez mayor. ¡Había estado enfermo tantas veces ya! Otra vez no, pensé.

Al final no fue nada grave, una simple gripe. Pero durante un rato el miedo a la enfermedad fue superior a mí. Era irracional. El recuerdo de todas las otras veces que había estado enfermo provocó esa reacción de pánico.

Miedo a perder el juicio. Cada vez que a las personas de más de sesenta años no les sale una palabra o un nombre, o no saben dónde han dejado las gafas, asoma el fantasma del Alzheimer; se lo toman a broma diciendo que «son cosas de la vejez», pero detrás del humor acecha el miedo. Para ganar ventaja a este miedo, mucha gente mayor se hace regularmente pruebas neurológicas, pero las pruebas también pueden dar miedo. Un hombre que había pilotado bombarderos durante la guerra de Corea me contó que le daban más miedo las pruebas que las misiones de bombardeo. «En una misión», me dijo, «vuelves o no vuelves. Pero estas pruebas...» No concluyó la frase.

Miedo a perder el sustento. En los últimos años ha vuelto a surgir este miedo con una intensidad que sólo los norteamericanos más longevos recuerdan: en la década de 1930 hubo gente que al quedarse sin empleo se tiró por la ventana. Hoy día los sondeos demuestran que la mayoría de los norteamericanos que no han perdido su trabajo conocen a gente que sí lo ha perdido. Los ahorros han disminuido; los planes de pensiones, que antes eran seguros, han desaparecido. Este miedo es especialmente desalentador para la gente de edad avanzada, que tiene que competir en el mercado laboral con trabajadores más jóvenes, tiene la sensación de que se le escapa el tiempo y abriga un sentimiento generalizado de impotencia. Incluso para las personas de mediana edad que están en plena forma, y que aún no tienen que hacer frente a problemas de salud, la inquietud por el sustento puede quitarles el sueño por las noches.

Miedo a hablar en público. Otra amiga me habló de una vez que tuvo que hablar delante de un auditorio de dos mil compañeros de profesión. Se levantó, forzó una sonrisa y empezó diciendo: «Quiero que sepáis que estoy absolutamente aterrorizada. Así que os quiero a todos sonriendo».

Todo el mundo se echó a reír. Las carcajadas rompieron el hielo y ella fue capaz, a duras penas, de dar su conferencia.

«Soy muy inteligente, muy competente y en mi campo se me respeta bastante», me dijo más tarde. «Es muy violento tener que pasar por esto cada vez.»

Le hablé de los cinco grandes miedos y eso la tranquilizó un poco. «Al menos a los budistas no les dio demasiada vergüenza hablar de ello», dijo.

Estrategias de supervivencia. La razón de ser de todas estas historias es que el miedo es parte habitual de la vida, y que hay determinados miedos que son específicos de la segunda mitad de ésta. La única parte buena es que, pasados los cincuenta, ¡tenemos mucha práctica ya! Afrontar nuestros miedos es una parte de la supervivencia, pero también lo son la negación y la compartimentación. Conozco a un psiquiatra que dice que la negación es una auténtica bendición. «Sin ella», asegura, «probablemente no podríamos sobrevivir a lo que la vida nos depara.»

Algunas personas nacen con una inusitada capacidad de negación; parece que tengan un don para ignorar sus problemas. Por el contrario, las personas con poca capacidad de negación utilizan la preocupación para superar los problemas, o por lo menos para encararlos.

Y además de la mucha o poca capacidad de negación, hay otra estrategia de supervivencia que yo denomino «no negación». Esto es lo que en la tradición budista llamaríamos «atención plena». La atención plena significa prestar especial atención a lo que realmente sucede. Como estrategia para afrontar el miedo, opera un tanto al margen del nexo mucha/poca capacidad de negación.

Alta capacidad de negación

Hasta no hace mucho no se entendían muy bien los mecanismos exactos de la negación. Desde la perspectiva freudiana clásica, la negación se consideraba un proceso psicológico y en ocasiones neurótico. Pero investigaciones recientes muestran que el proceso de negación es principalmente neurológico; el cerebro altera literalmente las vías nerviosas para hacer inaccesibles los pensamientos y recuerdos desagradables. Sería lógico pensar que esta capacidad hubiese sido desarrollada para ayudarnos a afrontar las dificultades. Sin ella a lo mejor estaríamos tan oprimidos por la tristeza y la ansiedad que no podríamos funcionar.

Todos conocemos gente a la que parece que esto se le da especialmente bien. Una vez conocí a un policía llamado Bill que por las noches supervisaba los coches patrulla en los barrios más peligrosos. Solía oír disparos y le habían disparado muchas veces. Le pregunté si alguna vez tenía miedo y me dijo: «No. No mucho. Me limito a hacer mi trabajo». A Bill le ayudaba su alta capacidad de negación. Otra persona que se preocupara más no sería capaz de hacer lo que él hacía.

Pero hay otras circunstancias en que la negación puede ser funesta. Robert, un escritor, era alcohólico. Había conducido un par de veces bajo los efectos del alcohol, y por algún motivo que ignoro seguía haciéndolo. Todos sus amigos, incluido yo, intentamos por activa y por pasiva que se metiera en un programa de desintoxicación o que por lo menos reconociese su problema, pero no hubo manera. «No te preocupes», decía. «Lo tengo todo controlado.»

Una noche recibí una llamada de un amigo común. Robert había empotrado el coche contra un poste de teléfono y había muerto en el acto. Durante las horas siguientes, conforme los amigos nos íbamos llamando unos a otros para darnos la noticia, todos pensamos y dijimos lo mismo: «¡Ojalá hubiésemos podido hacer algo!»

Otro ejemplo de elevada capacidad de negación era Roland, que próximamente tenía que hacer una presentación que determinaría si el departamento que dirigía seguiría recibiendo financiación. Su puesto de trabajo peligraba. Llegado el día, entró en la cocina para desayunar y su mujer (que llevaba semanas tan preocupada que apenas dormía) le preguntó si estaba preparado para el gran día.

«¿Qué gran día?», repuso Roland con absoluta inocencia. Se había olvidado.

Esta historia me la contó un psiquiatra al que a su vez se la había contado la mujer de Roland.

—¿Me tomas el pelo? —le dije—. ¿En serio la gente puede tener ese nivel de negación?

—Te sorprenderías —contestó el psiquiatra.

A primera vista, tener una alta capacidad de negación puede proporcionar calma y ecuanimidad ante el peligro o la amenaza. Algunas veces, como en el caso de Bill, puede ser muy útil. Otras, como en los casos de Robert y Roland, puede ser contraproducente y hasta peligroso.

Baja capacidad de negación

Las personas con baja capacidad de negación se preocupan en exceso de forma crónica. Judy, que había superado un cáncer de mama, me describió cómo lo vivía ella. «Procuro visualizar el peor de los escenarios posibles», me explicó. «Y luego me imagino que lo supero. Supongo que, si puedo hacer frente a lo peor, puedo afrontar cualquier cosa. Es algo que hago todos los días.»

La baja capacidad de negación tiene sus ventajas. En ciertos aspectos es más realista. Judy comprendía mucho mejor su problema que Roland. La gente con poca capacidad de negación afronta sus miedos y diseña una estrategia para lidiar con ellos. Pero «visualizar el peor de los escenarios posibles» tiene un precio. Judy me confesó que estaba yendo a un terapeuta para tratarse el estrés y que tomaba ansiolíticos.

A Judy y a Roland les costaría entender sus respectivas estrategias de supervivencia. Alguien con una gran capacidad de negación como Roland tal vez analizaría la situación de Judy y pensaría: «¿A qué viene tanto aspaviento? Yo no me anticiparía y le plantaría cara al cáncer si reapareciera». Y aunque en cierto modo la capacidad de negación de las personas es en parte innata (seguramente Judy y Roland siempre habían funcionado así), es una habilidad del desarrollo que hasta cierto punto puede aprenderse o desaprenderse. El aspecto técnico de la negación, sobre todo cuando se trata de preocupaciones que se suceden de un instante a otro, se llama «compartimentación». La compartimentación es algo que puede ajustarse y ejercitarse. Las personas con poca capacidad de negación pueden aprender a compartimentar más, y las que tienen una elevada capacidad de negación pueden aprender a compartimentar menos.

Compartimentación

La compartimentación es la facultad mental que nos mantiene concentrados en la tarea que nos ocupa, y permite que los pensamientos y las preocupaciones que nos distraen se escondan en el inconsciente. La compartimentación es la función de negar instante a instante. Normalmente este proceso se da sin que pensemos en ello. Tal vez nos vayamos a trabajar sabiendo que nuestro hijo de seis años tiene varicela, y seguramente pensaremos en ello, pero el pensamiento no nos impide hacer nuestro trabajo. Tampoco lo exteriorizamos; podemos mantener una conversación exhaustiva con un compañero de trabajo sin que de repente nos quedemos mirando a un punto fijo pensando en la varicela. A la inversa, tampoco somos tan ajenos al pensamiento de nuestro hijo enfermo como para olvidarnos de llamar a la canguro que está con él en casa. Ésta es la compartimentación normal.

Sin embargo, en lo que se refiere a los «grandes» miedos, nuestra capacidad de compartimentación puede salirse de los límites normales y volverse demasiado débil o demasiado fuerte. Viví esa experiencia cuando salí con lesiones cerebrales de mi coma por encefalitis, y parecía que mi cerebro había perdido completamente su capacidad de compartimentar. Me obsesionaban mil y una preocupaciones. ¿Y si no recuperaba nunca la habilidad de programar ordenadores? ¡Me quedaría sin mi medio de vida! ¿Y si la encefalitis volvía? ¡Me moriría! ¿Y si mi mujer enfermaba? ¿O moría? ¡Nadie cuidaría de mí! Estas inquietudes me atormentaban hasta el punto de que había días en que prácticamente no podía hablar ni pensar en otra cosa.

Francesca, mi terapeuta de aquel entonces, consideró que padecía un «síndrome de desinhibición» (síntoma frecuente cuando hay lesiones cerebrales) y trabajó conmigo en una técnica para fortalecer mi compartimentación. Cuando la compartimentación es débil, me explicó, la mente no puede ocultar bien las preocupaciones en el inconsciente y éstas no paran de inmiscuirse.

«Cuando veas que no puedes apartar una inquietud, dite a ti mismo que en este momento no vas a pensar en ella. Que lo harás más tarde», me dijo. «Luego elige un momento futuro para ocuparte de ella. Prométete a ti mismo que cuando llegue ese momento podrás preocuparte todo lo que quieras. Hasta entonces, cada vez que vuelva la preocupación, recuérdate que aún no es el momento.» Francesca me aconsejó empezar poco a poco. Me dijo que al principio fijara ese momento futuro al cabo de diez o quince minutos. Y me animó a utilizar un temporizador o una alarma.

Al principio incluso esperar quince minutos era demasiado. Me resultaba humillante darme cuenta del poco control que tenía sobre mis pensamientos; ¡Yo, un adiestrado meditador budista! Cuando le confesé esto a Francesca, se echó a reír. «Los meditadores budistas adiestrados también pueden sufrir lesiones cerebrales», me dijo.

Poco a poco (pasando de diez a quince, o a veinte minutos) fui dominando mis preocupaciones. Me ayudó mucho elegir una palabra o una frase, que decía para sustituirlas. Lo mejor fue cuando elegí a qué hora empezaría a preocuparme otra vez. «A las diez y media», susurraba. «¡No puedo preocuparme hasta las diez y media!»

Además, cada vez que me recordaba esa hora me imaginaba que la puerta de la cámara acorazada de un banco se cerraba conteniendo mis preocupaciones. Lo interesante fue descubrir que al llegar las diez y media mi inquietud había perdido fuerza. Adiestrar la mente para posponer mis preocupaciones, aunque fuese sólo un rato despojó a las mismas del elemento circular o amplificador.

«Yo también hago este ejercicio», me dijo Francesca. «De lo contrario, me pasaría noches enteras pensando en mis pacientes.»

No obstante, las personas que compartimentan en exceso necesitan hacer lo opuesto. Su problema es que se les da demasiado bien controlar sus preocupaciones y sus problemas (tan bien que es posible que ni siquiera sean conscientes de tenerlos). Es preciso que les inviten a entrar en su conciencia. Como yo no tenía ninguna experiencia al respecto, le pregunté a Francesca cómo trataba a las personas que compartimentaban demasiado.

Me dijo que les pide que piensen en uno o dos problemas importantes que tengan, y luego convienen en pensar en ellos durante un plazo determinado de tiempo, por ejemplo, quince minutos. «Al principio no les gusta», me dijo. «Me salen con toda clase de excusas. Pero les obligo a seguir. Al final lo hacen y les sorprende descubrir que en realidad sí tienen problemas. De alguna manera se habían convencido a sí mismos de que no tenían.»

La no negación

Además de todos estos enfoques, el budismo ofrece una tercera vía: una práctica que yo denomino «no negación». La no negación en realidad no es más que la atención plena, en otras palabras, prestar atención a lo que sucede en este instante sin emitir juicios. En este tipo de conciencia plena, ni hacemos nuestra la preocupación ni intentamos ahuyentarla. Nos limitamos a observarla.

El doctor Jon Kabat-Zinn descubrió esta función de la atención plena cuando la usó por primera vez como método para tratar el dolor crónico. Al igual que la ansiedad o el miedo, el dolor es profundamente desagradable y nuestra reacción natural es huir de él. El doctor Kabat-Zinn hizo que sus pacientes resistieran a esa tentación y que en su lugar se limitaran a observarlo. De manera paradójica, este enfoque hizo más soportable el dolor. Lo que el doctor aprendió es que el miedo, como el dolor físico, es desagradable, pero a diferencia de éste es una mezcla de muchas cosas: sensaciones corporales, recuerdos, futuros imaginados, visualizaciones y diálogos internos cerrados y repetitivos. Parte de lo que hace que el miedo sea difícil de manejar es que es muy complejo y polifacético. La atención plena puede separarlo en sus distintos componentes y volverlo más manejable.

Éste es el método que empleé el día que tuve fiebre alta. Primero vinieron todas las sensaciones corporales de la fiebre: escalofríos, dolor muscular y fatiga. Al ponerme el termómetro se sumó a estas sensaciones un dato objetivo: 38,9 grados. Por sí solos estos datos ya eran alarmantes.

Pero entonces me asaltaron desagradables recuerdos. Años antes me había tomado la temperatura durante horas y días, y había visto cómo ascendía sin parar: 37,8; 38,3; 38,9; 39,4. Sentí náuseas y al final estaba tan mareado que no podía ponerme de pie. Llegué a urgencias justo a tiempo y en cuestión de horas entré en un coma encefálico. Una o dos horas más y me habría muerto. En ese momento volví a revivirlo todo; la fiebre me estaba subiendo y me vinieron a la memoria todos esos recuerdos del pasado. Saltaron todas las alarmas.

Pero no estaba volviendo a suceder. La encefalitis había quedado muy atrás. Ahora estaba totalmente recuperado y en forma. La gente sana también tiene fiebre y no necesariamente debida a una encefalitis. Observé con atención mis síntomas y me di cuenta de que, en realidad, no eran los mismos. Había diferencias considerables. No tenía un vértigo grave, no oía un intenso zumbido en las orejas, y podía pensar con claridad. Seguía estando asustado, pero controlé el miedo.

Cuando la fiebre alcanzó los cuarenta grados llamé a mi médico. Conocía mi historial y me dijo: «¡Vete ahora mismo a urgencias!» Ambos tuvimos la sensación de que ya habíamos pasado por aquello. Me puse un abrigo grueso, anduve hasta el coche y me senté en el asiento del pasajero. Condujo mi mujer, el corazón me latía con fuerza, y nos detuvimos frente a la misma puerta de urgencias que aquella lejana noche.

Salvo que esta vez no era medianoche; sólo era media tarde. A diferencia de la vez anterior, yo estaba lúcido y coordinaba bien. No estaba desorientado ni mareado; podía caminar. Le hablé de nuevo a mi miedo. «Es como la última vez», dije. «Pero no es lo mismo. Esto es distinto.»

Esto es distinto. No paré de decirme eso mientras entrábamos en la sala de urgencias: el mismo escenario, los mismos olores, la misma distribución..., incluso algunas enfermeras eran las mismas.

Esto es distinto. Aunque me tumbaron en una camilla, me ingresaron en el hospital y me subieron a una habitación, no dejé de practicar la atención consciente, fijándome *exactamente* en lo que estaba pasando; así como en lo que *no* estaba pasando.

Me asustaba estar enfermo; me daba miedo morir. Temía volver a perderlo todo. Pero el miedo es inferior a la suma de sus partes. Prestando atención a las partes, el miedo pierde parte de su escozor.

«No será grave», le dije a Amy tumbado en mi nueva cama de hospital, mientras entraban y salían médicos y enfermeras. A esas alturas, con los ojos clavados en la gruesa carpeta de mi historial médico, creo que ellos estaban más preocupados que yo.

«Estoy bien», le dije a mi mujer. Y lo estaba.

Diálogo interno

Mi padre, un hombre autodidacta e introspectivo, se sentó una noche a la mesa del comedor y dijo: «Es imposible detener el pensamiento. La mente nunca para».

Lo dijo como si hubiese resuelto algo importante. En aquel

momento yo tenía ocho años e ignoraba de qué estaba hablando. Pero no olvidé su comentario, y cuando, diez años después, empecé a estudiar meditación, comprendí que, en parte, mi padre tenía razón. Nuestro diálogo interno, en general de forma inconsciente, no cesa, pero podemos cambiarlo y hasta frenarlo. Ésa es una de las cosas que puede hacer la meditación.

El diálogo interno, en ocasiones denominado «monólogo interior», es ante todo verbal y normalmente aleatorio, comentarios internos de lo que va sucediendo; por el contrario, la preocupación, el miedo y la ansiedad generan un diálogo interno que no es aleatorio. La misma secuencia de pensamientos es repetida una y otra vez. Ensayamos escenarios mentalmente: ¿Qué dirán él o ella? ¿Qué diré yo? ¿Y si ocurre esto o lo otro? Tal como hemos visto, la compartimentación puede romper el bucle, pero cuando la inquietud es demasiado intensa, ésta puede derribar sus barreras y será necesario un remedio más fuerte.

«Lago en calma» es una visualización focalizada que reduce la fuerza y el carácter repetitivo de las preocupaciones. Sustituye las palabras del diálogo interno con una imagen (la de un lago) y emplea la retroalimentación para sustituir el «mal tiempo» de la inquietud por el «buen tiempo» de la calma.

Reflexión contemplativa

EL LAGO EN CALMA

Como mejor se hace esta reflexión es en postura de meditación, sentado en una silla o sobre un cojín. Pero también me ha salido bien cuando la he hecho en la sala de espera del médico o en la sala de embarque del aeropuerto. Es un buen antídoto contra la agitación o la inquietud, pero puede practicarse como ejercicio regular independientemente de tu estado de ánimo. A algunos miembros de mi grupo de meditación les gusta más que meditar en la respiración. Les gusta el hecho de que sea visual.

Empieza visualizando o imaginándote un pequeño lago. Si has estado en un lago de verdad, te será útil recordarlo. Debería ser lo bastante pequeño como para que puedas ver todo el contorno de la orilla. Completa el entorno con detalles imaginados. Imagínate que la orilla está bordeada de arces y robles. Que tengan el verde de la primavera o los intensos amarillos y rojos del otoño.

Normalmente es más fácil imaginarse la escena del lago con los ojos cerrados. Otro método es que elijas una postal o fotografía pequeña de la escena de un lago y que te la pongas delante. Si haces esto, contémplala con los ojos entornados y la mirada relajada, al menos hasta que veas la escena en tu mente con claridad. Entra en ella e imagínate que estás sentado a la orilla del lago, observando el agua.

El agua simboliza tu estado de ánimo, de modo que tómate unos instantes para sintonizar con él. Si estás haciendo la meditación del Lago en Calma porque estás preocupado, nervioso o inquieto, habrá «olas» tanto en tu mente como en el lago. Recorre con la mente tu cuerpo para ver cómo percibes físicamente esta agitación: un nudo en el estómago, tensión en el pecho y opresión en la garganta son todos ellos indicios físicos de tensión y estrés.

Ahora vuelve a tu imagen del lago e imagínate que el «tiempo» que hace allí es un reflejo de tu estado de ánimo. Si tus pensamientos están agitados y revueltos, imagínate el agua igual de agitada y revuelta. Si tu estado de ánimo está plomizo y encapotado, imagínate el cielo igual de plomizo y encapotado. Limítate a observar el tiempo desde la orilla del lago como un espectador involuntario. Deja que el tiempo desvele sus propios detalles visuales. Tal vez el viento esté agitando los árboles de la otra orilla de un modo inquietante. Tal vez el agua que está junto a tus pies esté lamiendo ruidosamente la orilla. Completa la escena entera con el máximo detalle posible.

Ahora imagínate que tienes un poder mágico sobre el tiempo que hace en el lago, de tal modo que sólo con desearlo puedas hacer que mejore gradualmente. Poco a poco la superficie del lago está menos agitada y más tranquila. Es posible que su estado oscile durante un rato. Tal vez percibas que el lago está más tranquilo y luego quizá vuelva a alborotarse, reflejando un nuevo estallido de agitación mental. Ten paciencia; calma la superficie del lago y el viento que sopla en su entorno con bondad y paciencia. Al fin y al cabo, es tu imagen, tu lago. Puede ser como tú quieras.

A medida que te vas relajando frente a las tranquilas aguas del lago, ¿cómo te sientes? Dedica unos momentos a sintonizar con ese cambio que percibes en tu cuerpo. ¿Cómo tienes ahora los brazos? ¿Y la piel? ¿Y la cara?

¿Y cómo sientes tu respiración ahora que descansas la mirada en la superficie cristalina del lago en calma? Incorpora esa sensación a tu conciencia y deja que inunde todo tu cuerpo.

Ahora piensa que la respiración te ayuda a mantener la atención. Deja que fluya con naturalidad, que entre y salga sin presión ni tensión. Que sea ligera y serena. Piensa que tu respiración es un espejo y un reflejo de la superficie tranquila y cristalina del lago. Tienes que respirar con suavidad para no rizar las aguas.

Desvía gradualmente la atención, centrándote menos en la imagen del lago en calma y más en esta sensación de tu respiración, dejando que la sensación del lago se funda con la de tu respiración. Tu respiración se ha impregnado ahora de la sensación del lago en calma. Retén esa sensación y sigue centrado en tu cuerpo y tu respiración. Permanece así mientras te sientas cómodo.

Ésta es la esencia de la meditación del lago en calma. Describirla lleva un rato, pero ponerla en práctica es rápido y fácil.

En resumen, tiene tres etapas. En la primera, contemplando una foto con los ojos abiertos o imaginándote la escena con los ojos cerrados, creas la imagen del lago que gradualmente ves tranquilo y en calma. En la segunda etapa, ajustas tu respiración para que refleje la sensación de calma del lago. En la tercera, dejas que la imagen del lago se desvanezca y se funda con tu respiración relajada y tranquila. Tu respiración se convierte en el lago; tu mente se convierte en la respiración.

A algunas personas la imagen de un lago en calma

enseguida les resulta relajante y natural; a otras les cuesta más conectar con ella. En lugar de un lago, puedes también imaginarte una montaña (firme, coronada de nieve, una mole plácida y recortada contra un cielo azul y despejado). Si empleas la imagen de la montaña, tal vez te convenga reemplazar la superficie del lago como símbolo de tu estado de ánimo por la imagen de la nieve que el viento arremolina en la montaña. A medida que tu mente se calma, el viento amaina, la nieve cuaja y la imagen de la montaña se vuelve más clara y nítida.

Sea con la imagen que sea, la cuestión es visualizar la expansión y la quietud, y que tu propio cuerpo se impregne de ambas manteniendo la atención en esa imagen.

Mediante esta meditación transformamos la corriente horizontal de nuestro diálogo interno en un instante único y estable que se renueva con cada inspiración. Practicar esta meditación de forma regular aunque sólo sean cinco o diez minutos, sobre todo cuando estés nervioso o enfadado, puede aportarte enormes beneficios. E incluso si no estás enfadado, el lago en calma es un ejercicio maravilloso de focalización para el día a día.

9

Devolver

Cuando en 1965 tuvo lugar el apagón que dejó a oscuras a toda la Costa Este, yo estudiaba en una universidad de Boston. Nadie sabía qué pasaba y todo el mundo estaba asustado. La parada de autobús estaba completamente a oscuras y me subí a un trolebús poco iluminado para irme a casa. Seguía funcionando porque Boston tenía un sistema eléctrico independiente que alimentaba sus trolebuses. Al cobrarme el billete, el conductor me dijo:

—Están aquí.

Le pregunté a qué se refería.

—Se ha ido la luz desde la frontera de Canadá hasta Washington, D.C. ¿Quién ha podido hacer eso? Los de los platillos volantes. Tienen que ser ellos. Sí, ya están aquí. —Siguió conduciendo tranquilamente.

Por todo Boston salieron ciudadanos con linternas a las calles para dirigir el tránsito. Los bares y restaurantes repartieron velas. La población de la ciudad entera unió sus fuerzas y actuó de forma conjunta. Esto es lo que los seres humanos hacen ante una crisis o una amenaza común. Somos así por naturaleza. Durante el huracán Katrina, los *tsunamis* del sudeste asiático y Japón, y los terremotos de Haití, Nueva Zelanda y Japón (por nombrar únicamente algunas de las crisis que han tenido lugar durante la redacción de este libro), ocurrió lo mismo. Las personas olvidaron sus diferencias y arrimaron el hombro.

Dicho de otro modo, estamos programados para ayudarnos unos a otros, y cuando la necesidad es acuciante, esa cualidad emerge con fuerza y anula las necesidades e intereses individuales. Probablemente este principio es el que une las religiones de todo el mundo más que ningún otro.

Ayudar a los demás cuando lo necesitan es tan natural que rara vez nos paramos a pensar en el vasto alcance de sus beneficios. Ayudar al prójimo saca lo mejor de nosotros a cualquier edad, pero a medida que nos hacemos mayores, ayudar adquiere una coloración y un valor añadidos. Empezamos a experimentarlo no tanto como una mera ayuda, sino más como una «devolución». A medida que la vida avanza hacia la madurez y la senectud, empezamos a sentir que esta vida es un regalo que ansiamos devolver.

Las investigaciones sobre el envejecimiento han demostrado que esta devolución no solamente beneficia a los demás; también es buena para nosotros. Un estudio[17] realizado en 2003 llegó a la conclusión de que «los programas diseñados para ayudar a que la gente [mayor] se sienta apoyada tal vez deban rediseñarse a fin de que pongan de relieve lo que hacen las personas para ayudar al prójimo».

Aunque la investigación dice que ayudar a los demás nos ayuda de diversas maneras, no dice exactamente cómo. ¿Qué sucede en concreto psicológica, física y emocionalmente cuando se realizan actos de generosidad? ¿De qué manera se beneficia cada una de las partes? ¿Y cuáles son las cualidades que hacen que sea tan positivo para envejecer con salud?

Para averiguarlo hablé con varias personas de mediana edad dedicadas en cuerpo y alma a devolver. Una enseñaba meditación de forma voluntaria en una cárcel de mujeres, otra formaba parte de un equipo médico de voluntarios de la India y Birmania, y la tercera había ejercido la psicología clínica y ayudaba voluntariamente a las personas sin techo.

Éstas son algunas de las preguntas que les hice a cada una de ellas: ¿Por qué haces esta labor? ¿En qué te ha cambiado? ¿Qué te llevó a hacerlo? Y, por último: ¿Qué haces para cuidarte?

Conexión

Susan llevaba muchos años dando clases de meditación en una cárcel de mujeres. Cuando le pregunté por qué desempeñaba esta labor, lo primero que hizo fue reflexionar sobre su condición de persona privilegiada dentro de la sociedad. Sentía la necesidad de «reinvertir» en los menos afortunados aquellos dones que ella había recibido, y la meditación era algo que podía ofrecer. Al comentarle que era una mujer mayor y que casi todas las mujeres con las que trabajaba en prisión eran veinteañeras o treintañeras, asintió. «Tienen la edad de mi hija», me dijo. «En algunos aspectos soy como una madre para esas chicas encarceladas.»

¿En qué le había cambiado la experiencia? Contestó que le hacía sentirse más conectada con el mundo real. «Es la conexión», me dijo, «lo que me sostiene. Lo que me sustenta.» Pasó a hablarme de una joven, recién llegada a la cárcel, que por primera vez se había incorporado al grupo de meditación y que durante toda la sesión no había hecho otra cosa que llorar. Cuando le llegó el turno de compartir con el resto cómo había vivido la experiencia, esta mujer dijo deshecha en lágrimas lo mucho que añoraba a su hija pequeña. Susan le preguntó si tanto ella como las otras mujeres podían hacer algo para ayudarle. «Ya lo habéis hecho», dijo la mujer. «Estáis todas aquí conmigo. Ya no me siento tan sola.»

Mark, tras dimitir de director de una organización internacional sin ánimo de lucro, se dedicaba ahora a contribuir a paliar las difíciles condiciones en que vivían los pobres de Bangladés y Birmania. Aunque acababa de cumplir sesenta años y tenía diversos problemas de salud, seguía viajando a Asia varias veces al año.

Ante una agenda tan extenuante para alguien de su edad, le pregunté qué hacía para cuidarse.

«La verdad es que ni me preocupa», me contestó. «Siento que esto es lo que tengo que hacer y supongo que de un modo u otro las cosas irán saliendo. No obstante, cuando viajo cuido mi alimentación y lo que bebo, y me organizo para que a la vuelta pueda descansar y relajarme una o dos semanas.»

Mark me explicó que, al igual que Susan, quería «equilibrar la balanza» entre la prosperidad de su propio país y la miseria absoluta y la opresión de los países en los que trabajaba. Además tenía la sensación de que su trabajo benéfico contribuía a conservar y ahondar en la práctica meditativa y los votos espirituales. «Gary Snyder escribió una vez un ensayo sobre el compromiso mundial», comentó Mark. «En él decía que la misericordia de Occidente es justicia social, y la de Oriente, una comprensión de la naturaleza del yo. Creo que necesitamos ambas y considero que mi labor es una forma de tender un puente entre esos dos aspectos. Además, me mantiene joven. Soy como un escolar, cada día aprendo algo nuevo. Puede que mis facultades físicas estén mermando, pero mentalmente aún estoy arriba. Así es como me siento.»

Entonces Mark me contó esta historia: en cierta ocasión, durante uno de sus viajes a una zona rural de Bangladés, se dedicó a contemplar desde el campo, al atardecer, a los hombres que volvían a la aldea tras la jornada laboral. «Todos caminaban de la mano», dijo Mark. «No tenían prácticamente nada, eran los más pobres entre los pobres, pero se tenían los unos a los otros y cruzaban los campos de la mano. No te imaginas con qué intensidad me conmovió aquello. Su mera visión hizo que mi trabajo valiese la pena. Ahora me hago mayor y ya no puedo hacer lo que hacía antes, pero estoy conectado con todos estos luchadores y ellos están conectados entre sí. Hay quienes dicen que lo que hago es devolver, pero cuando vi a aquellos hombres sentí que eran ellos los que me devolvían a mí.»

El doctor Russell, un psiquiatra que trata principalmente a pacientes mayores, me confirmó el valor de la devolución. Asegura que las personas que mejor llevan el envejecimiento son aquellas que se esmeran por desempeñar un papel solidario, como han hecho Susan y Mark. Con frecuencia, dijo el doctor Russell, estas personas asumen actividades solidarias relacionadas con su trabajo o carrera previos. Un médico jubilado quizá sea voluntario en una clínica local. Un historiador, político o economista tal vez haga de profesor. Un contable quizá se ofrezca voluntario para llevar la contabilidad de la sección local de la Cruz Roja.

Pero el doctor Russell incluyó además una advertencia: no es saludable que la gente mayor devuelva unilateralmente. También tiene que cuidar de sí misma. «Quienes llevan realmente bien su envejecimiento son aquellas personas que dividen su tiempo entre la ayuda intensiva al prójimo y cosas que hacen sólo para sí», dijo el doctor Russell, «cosas que les proporcionen alegría y placer. Hay que poner algo en las dos cestas; darse a los demás y a uno mismo. Hay que encontrar ese equilibrio.»

Motivación

Tras una dilatada carrera como psicólogo clínico en el sector privado, Eric (la tercera persona a la que pregunté sobre los efectos que producía el acto de devolver) redujo sus horas de consulta y se ofreció como asistente social voluntario en un consultorio para gente sin techo. «La medicina privada estaba bien, y pagaban bien, pero llevaba mucho tiempo en ese sector y quise tratar problemas *reales*. No es que mis pacientes no tuvieran problemas reales, claro que sí, pero mi trabajo ya no me motivaba como cuando era joven.»

Los deseos de Eric se cumplieron desde el primer día. Los problemas de sus nuevos pacientes eran de lo más básico. Si alguien estaba hambriento, Eric le daba de comer. Si necesitaba un sitio donde dormir, se lo encontraba. Era terriblemente duro, me contó, ver día tras día a gente desesperada, que no tenía absolutamente nada. Pero con el tiempo descubrió que era muy inspirador poder devolverle a alguien una pizca de su dignidad humana. «Te contaré una historia verídica», me dijo entonces Eric.

Un día estaba caminando por la calle cuando un joven bien vestido y con maletín detuvo la bicicleta junto a mí y me dijo: «¡Eric! ¿Me recuerdas? Soy Bruce. Me sacaste del arroyo cuando estaba borracho como una cuba y me dijiste: "Puedes superarlo; sé que puedes". Y te escuché, y empecé rehabilitación y lo superé. Mírame ahora. Tengo trabajo, piso y novia. ¡Incluso tengo acciones de la empresa! Y todo gracias a ti. Gracias, tío».

No hay nada comparable a esa sensación. El trabajo en el consultorio era tremendamente difícil, y a veces cuando volvía a casa por la noche me preguntaba para qué me había metido en aquello. Pero entonces tropiezas con alguien como Bruce y entiendes por qué lo haces. Sabía que en el sector privado era útil, pero en la calle no sólo estaba ayudando; literalmente salvaba vidas. Yo tenía mi vida, pero aquella gente que estaba en la calle no. Era como la reanimación boca a boca.

Cuando le pregunté a Eric cuál era la lección más valiosa que había aprendido sirviendo a los sin techo, me dijo: «Los seres humanos tienen un coraje increíble. No te puedes imaginar cuánto. Esté donde esté, la gente se levanta por la mañana (detrás de un contenedor o en un portal) y sigue conservando la esperanza. Sentí un respeto reverencial hacia esa gente».

Devolver y compartir lo que tenemos, sobre todo cuando somos mayores y tenemos tanto que dar, es tan transformador como inspirador. La investigación científica que asegura que devolver es bueno para la salud es cierta, pero no es toda la verdad. El alma humana desborda bondad y es insaciable. La cultivemos en el grado que la cultivemos, nos nutre a todos los niveles: físico, emocional y espiritual.

Reflexiones contemplativas

DAR Y RECIBIR

En la tradición budista la «perfección de dar» es una de las virtudes principales de la persona iluminada. Para los budistas el acto de devolver se manifiesta hacia fuera con el servicio al prójimo y hacia dentro entrenando la mente para cultivar la generosidad de espíritu. Este principio es primordial para la visión budista de la vida espiritual y se pone de manifiesto de diversas formas.

Hace mucho tiempo los maestros budistas de meditación desarrollaron un método para fortalecer la capacidad de generosidad de la mente. Antaño esta práctica era del dominio exclusivo de yoguis, monjes y monjas, pero desde no hace mucho su enseñanza y práctica se ha generalizado en Occidente.

La práctica de «dar y recibir compasión», a menudo llamada simplemente «dar y recibir», se basa en la capacidad natural de la mente de visualizar o imaginar, junto con nuestro deseo innato de conectar con los demás y devolver. Esta visualización la podemos dirigir tanto hacia nosotros mismos como hacia los demás (un rasgo útil a la hora de aceptar nuestro propio envejecimiento). Dar y recibir nos ayuda a mantener una actitud positiva y nos da algo valioso que podemos poner en práctica cuando visitemos enfermos, cuidemos a moribundos o tendamos la mano a cualquier persona, sea de donde sea, que necesite nuestra ayuda.

Dar y recibir no es una práctica que se enseñe en mi propia tradición zen. La aprendí, y en la actualidad la enseño, en colaboración con un lama occidental de la tradición budista tibetana. La versión que describo aquí es una adaptación que transmite el espíritu esencial de la práctica de modo que los que no son budistas ni meditan puedan beneficiarse de ella. Aunque puede que el ejercicio parezca un tanto complicado, lo cierto es que una vez aprendido puede realizarse en tan sólo cinco o diez minutos.

PREPARACIÓN

Como mejor se practica el ejercicio de dar y recibir es en postura de meditación, ya sea sentado en una silla o sobre un cojín. Pero una vez que lo domines, podrás hacerlo en cualquier sitio. Dado que en el ejercicio participa la imaginación, a la mayoría de la gente le resulta más fácil hacerlo con los ojos cerrados, si bien no es necesario.

A menudo se hace referencia a este tipo de práctica denominándola «visualización», pero probablemente no sea el término más apropiado. Es mejor llamarla «imaginación». Todos tenemos una capacidad innata para imaginar, cosa que hacemos constantemente. Si te digo que te imagines la Estatua de la Libertad, te la imaginarás al instante. Es más, si te conectaran a un electroencefalógrafo, tu corteza visual se iluminaría casi tanto como si estuvieses realmente contemplando la auténtica Estatua de la Libertad. Del mismo modo, imaginarse la generosidad produce una sensación de auténtica generosidad.

El aspecto preparatorio más importante de esta práctica es reconocer que todo cuanto pensamos e imaginamos nace y desemboca en lo que el budismo denomina «el gran espacio de la conciencia». Lo que imaginas antes no estaba ahí. Y después de imaginarlo desaparece. Su realidad es provisional; al fin y al cabo, es muy parecido a los sueños. Dicho esto, los sueños pueden ser de una importancia vital y transmitirnos cosas que necesitamos saber.

El ejercicio de dar y recibir consiste en soñar despierto de un modo conscientemente dirigido en beneficio tanto de otra persona como en el tuyo propio. Al término del mismo devolverás este sueño a su fuente de origen, el espacio de la conciencia.

BÚSQUEDA DE UN MENTOR ESPIRITUAL

El paso siguiente de la preparación es ser consciente de que no prodigarás generosidad tú solo, cosa que el ego podría percibir como una carga y una responsabilidad añadida. Imagínate, por el contrario, que la generosidad sale de tu yo superior o despierto, lo cual es verdad: la generosidad está entrelazada en el tejido de toda existencia. Todos los seres vivos dan y reciben constantemente. El mero acto de respirar es una especie de toma y daca. La circulación de la energía es la verdadera fuente de la generosidad. No es algo que tengas que encender, como el motor de un cortacésped.

Imagina que durante esta práctica tu yo ordinario recibe el apoyo de un mentor espiritual, alguien más grande que tú mismo. Podría ser Dios o Buda; podría ser una persona espiritual a la que respetes sinceramente, como el Dalái Lama, Gandhi o la Madre Teresa de Calcuta. Como yo conocí muy bien a Shunryu Suzuki y experimenté en carne propia su generosidad, a menudo pienso que él me ayuda a dar y recibir.

Imagínate que la energía generosa de este ser superior descansa en tu corazón. El sentimiento de generosidad de tu mentor espiritual probablemente ya descanse en él. Libérate de la idea de que tienes que ser generoso. Aunque a lo mejor no te sientas especialmente así, puedes tomar prestada esa generosidad de tu mentor espiritual para ayudarte en esta práctica.

DESPERTAR EL CENTRO DEL CORAZÓN

El «centro del corazón» es el sitio donde tiene lugar el acto de dar y recibir. Está un poco más abajo del corazón físico. Es el sitio donde notamos las intensas sensaciones que experimentamos al dar y recibir. Son sensaciones normales que experimenta todo el mundo; y nuestro lenguaje es un reflejo de ello. Decimos «al verla se me encogió el corazón», «lo siento de corazón», hacemos las cosas «de todo corazón»; a veces nos «parten el corazón». Estas palabras y frases hacen referencia a las sensaciones que notamos en el centro del corazón cuando las emociones fruto de la generosidad (o de la falta de ella) nos afectan.

Tócate el centro del corazón con la mano para ayudar a que estas sensaciones despierten. El acto de dar y recibir apela a estas sensaciones para crear un flujo de energía que puedes realmente sentir. Es una sensación agradable.

A continuación imagínate que en el centro de tu corazón hay una pequeña esfera de luz blanca y brillante. Esta luz blanca es una representación visual de la mente despierta. No hace falta que sea nítida; piensa que es una sensación de energía o iluminación que tienes en el centro del pecho.

RESPIRAR LLEVANDO EL AIRE AL CENTRO DEL CORAZÓN

El acto de dar y recibir sigue el recorrido de la respiración. De modo que siente ahora que el aire que circula entrando y saliendo atraviesa la esfera de luz del centro de tu corazón. Cada vez que cojas aire siente cómo entra desde el exterior y refresca la esfera de luz. Cada vez que lo saques siente cómo éste vuelve al exterior con esa energía generosa de la luz.

Haz esto durante un rato hasta que puedas sentir alguna sensación de flujo o movimiento en el centro de tu corazón. Aunque únicamente sientas una cualidad sutil de percepción o energía, está bien. La generosidad no es un pensamiento; es una sensación. Recuerda la expresión «de corazón». Ésa es la sensación.

SÉ GENEROSO CONTIGO MISMO

Según el pensamiento budista es difícil ser verdaderamente generoso con los demás si antes no eres generoso contigo mismo. Las personas con profesiones de servicio al prójimo, como los médicos, las enfermeras, los terapeutas y consejeros, en ocasiones se olvidan de esto y dedican tanta energía a ayudar a los demás que olvidan cuidar de sí mismas; por lo que acaban agotadas. Para impedirlo, este aspecto de la práctica te pide que intentes visualizar una imagen de tu persona, tal cual eres, sentada de cara a ti a unos metros de distancia, como si estuvieras mirándote en un espejo. De hecho, algunas personas utilizan un espejo para acostumbrarse a esta idea.

Puede que al principio te parezca que tienes que imaginarte demasiadas cosas: primero al mentor espiritual, luego la esfera de luz blanca y ahora ¡un espejo que te devuelva tu propia imagen! No te preocupes; relájate y deja que los diversos elementos del ejercicio vayan encontrando su sitio. Esto no es como hacer malabarismo; no tienes que ver todos los elementos a la vez. De momento, concéntrate en tu propio reflejo sentado frente a ti.

Cuando hayas retenido una imagen de ti mismo, empieza a dejar que la respiración haga circular la generosidad hacia tu reflejo y de vuelta hacia ti. Al inspirar da la bienvenida a todos los problemas e inquietudes que pueda haber en el centro de tu corazón. La luz blanca es una especie de horno que incinera esas inquietudes negativas y las impulsa después de convertirlas en generosidad. Al expulsar el aire devuelve esa generosidad hacia tu propio reflejo.

SÉ GENEROSO CONTIGO MISMO A MEDIDA QUE ENVEJEZCAS

Durante la práctica mantén una actitud reposada y espontánea. ¡Recuerda que el propósito es ser generoso! No te preocupes si al principio te parece complicada o difícil. Se basa en la naturalidad. Es natural pensar en un mentor espiritual o notar sensaciones de cariño en el corazón. Lo que quizá te parezca un poco menos natural es imaginarte tu propio reflejo frente a ti, pero ¡es algo que sin duda ves cada mañana en el espejo del cuarto de baño!

En cuanto te sientas a gusto recibiendo los problemas al inspirar y enviando generosidad al espirar, trata de cambiar la imagen especular. Procura imaginarte a ti mismo con cinco o diez años más. ¿Cómo serás y cómo te sentirás? ¿Qué inquietudes y qué problemas tendrás entonces?

Completa los detalles de este «tú más mayor» y continúa con la práctica de dar y recibir. Concéntrate especialmente en enviar la luz blanca de generosidad desde el centro de tu corazón hacia ese «tú». Percibe cualquier sentimiento que éste pueda transmitirte: pesar, tristeza, curiosidad, intranquilidad, desconcierto.

Ahora imagínate ese «tú» con diez años más. Continúa practicando. ¿Qué tal ahora? ¿Qué ha cambiado? Sigue enviando generosidad; sigue aceptando cualquier preocupación que este «tú aún más mayor» pueda tener.

Llega hasta donde quieras. ¿Te ves capaz de llegar a los noventa años? No hace mucho fui a ver a mi asesor financiero y me quedé atónito cuando le oí aludir a la situación económica que mi mujer y yo tendríamos a los noventa. Me di cuenta de que, con todas mis enfermedades, nunca me había visualizado con tantos años. Tal vez sea porque no viviré tanto, pero intenté practicar el ejercicio de dar y recibir con mi propio reflejo nonagenario, y tuve una extraña sensación.

Inténtalo tú.

Este ejercicio te permite ser creativo y retroceder también en el tiempo. Imagínate con diez, quince o veinte años menos, y envía pensamientos generosos a ese «tú más joven». Quien se dedique al estudio de la lógica quizá diría que ese «tú más joven» ya no existe, pero está claro que en el recuerdo sí. Y es posible que necesite tanta bondad y generosidad como cualquier «tú más mayor».

SÉ GENEROSO CON LOS DEMÁS

A estas alturas ya debería estar claro que el ejercicio de dar y recibir puede hacerse con una imagen de cualquier persona: tus padres, tus hijos, un amigo enfermo, un colectivo de víctimas de un desastre ocurrido en cualquier parte. Si bien lo más fácil es realizar la práctica con gente a la que aprecies, es posible ensayarla incluso con personas por las que sientas antipatía. De hecho, realizarla pensando en esas personas puede ser sumamente beneficioso.

DAR Y RECIBIR: PASE DE DIAPOSITIVAS

A menudo acostumbro a que la práctica de dar y recibir sea una especie de «pase de diapositivas» sobre la generosidad. Visualizo una detrás de otra a todas las personas en las que estoy pensando, que me importan o preocupan. Las evoco de una en una y me dedico a dar y recibir durante cinco o diez respiraciones. A continuación paso a la siguiente persona. No me siento necesariamente en postura de meditación. A veces lo hago nada más despertarme por la mañana. Otro momento bueno para hacer este ejercicio es justo antes de acostarte.

Una de las consecuencias inevitables de hacerse mayor es que la lista de personas que necesitan nuestros pensamientos piadosos es cada vez más larga. Después de imaginarme a las personas que necesitan mi atención, a menudo añado grupos de gente de todas partes; a las víctimas de una catástrofe reciente, por ejemplo. De esta forma convierto en algo positivo la sensación de impotencia que siento a veces al leer las noticias del día.

Quizás algún escéptico dirá: «¿Sirve esto *realmente* para algo? ¿Tiene alguna utilidad, en serio merece la pena?» Contestaré como contestó Buda a las numerosas preguntas que sus seguidores y detractores con frecuencia le hacían: «Compruébalo tú mismo».

No te lo creas sólo porque yo lo diga, explicaría Buda. Compruébalo tú mismo.

DISOLVER LA IMAGEN

Como paso final, en la práctica de dar y recibir es importante disolver todas las creaciones de tu imaginación y dejar que se disipen en el inmenso espacio de la conciencia.

Empieza con los destinatarios de tu generosidad. Abre los ojos, respira hondo varias veces y al sacar el aire imagínate que las distintas personas (incluido tú) que has visualizado sentadas frente a ti se disuelven lentamente y desaparecen, como el fundido encadenado en una pantalla de cine. Concluida la disolución, haz una o dos inspiraciones purificadoras más para asegurarte de que no contengan ningún residuo imaginativo.

A continuación, deja que la luz blanca del centro de tu corazón se desvanezca hasta que sólo quede un espacio vacío. De igual modo, deja que las sensaciones y emociones que la práctica haya podido despertar en tu corazón salgan una detrás de otra y se dispersen cada vez que sacas el aire.

Finalmente, deja que cualquier pensamiento en tu mentor espiritual se desvanezca también. Deja que todo se disuelva hasta que sólo queden las sensaciones normales, los objetos y sonidos que habitualmente te rodean cuando te sientas, relajado y tranquilo, en una habitación.

Este último paso de dejar que todo se disuelva tal vez sea el más importante de todos. Evocar a todas las personas que nos importan, incluidos nosotros, y a las que nos unen sentimientos intensos es una fuerza poderosa. Una fuerza que has creado de la nada, mediante tu propia imaginación, y que ahora puedes soltar dejando que vuelva al lugar del que procede.

10

Acariciar la naturaleza divina

Una vez fui a una conferencia para supervivientes de encefalitis y en la cena me tocó sentarme al lado de un capellán de la Marina jubilado al que todos llamaban coronel Bill. Estaba ahí porque, al igual que yo, su hijo adulto había recuperado el conocimiento después de que lo desahuciaran.

Conforme avanzaba la conversación, descubrimos que él era baptista y yo budista. Pensé que eso le resultaría incómodo, pero no pareció molestarle. Por lo visto le interesaba más la historia de mi recuperación.

Le conté que había estado desconectado del mundo exterior, pero consciente dentro de mi coma, que me había dado cuenta de que estaba con un pie en la tumba y luchando por sobrevivir.

—Luché sin parar. Al final comprendí que no podía hacer nada —le conté—. Me rendí. A partir de ese momento supe que estaría bien. Sentí que algo cuidaba de mí.

El coronel Bill asintió.

—Me imaginaba que dirías eso.

Me contó que de joven había vivido una experiencia semejante mientras cruzaba el país en un furgón helado junto con otros soldados estadounidenses en dirección a un hospital de San Francisco.

—Tenía escarlatina y fiebre alta. Sabía que no sobreviviría. Estaba demasiado enfermo. Fue entonces cuando me entregué a un poder superior y desde entonces éste cuidó de mí —me dijo—. Esa noche sentí la llamada y decidí hacerme capellán.

Entonces me preguntó:

—¿Cómo llamáis los budistas a ese poder superior? ¿Lo llamáis Dios?

Le expliqué que los budistas no suelen llamarlo Dios, aunque por todo el mundo rezan a Buda en alguna de sus formas como poder superior. El budismo tiene términos como «lo absoluto», «realidad auténtica», «vacío» y «naturaleza despierta» para hablar de una realidad que trasciende a la personalidad o identidad individuales. Son muchos los libros que hablan minuciosamente de estas doctrinas y ahora no me extenderé en ellas. Ya he mencionado que en un contexto interconfesional en ocasiones empleo los términos «naturaleza divina», pero con el coronel Bill aquella noche no lo hice. No me pareció necesario. Me limité a hablar de mi experiencia de entrega.

En este capítulo comparto mis experiencias profundamente personales como budista y explico algunas de las enseñanzas e historias de la tradición budista que respaldan y sustentan esa fe. A los lectores budistas les resultará familiar. Si no eres budista, espero que puedas conectar con mi experiencia aun cuando ésa no sea la forma o el mecanismo empleado por tu fe. Es posible que haya también algunos lectores a los que les incomode lo que cuento. A ellos les pido que se tomen lo que digo con espíritu curioso e inquisitivo. Únicamente puedo hablar de mi verdad y de lo que sé.

¿Qué pasa al morir?

La pregunta universal que nos hacemos todos los que empeza-mos a enfrentarnos a nuestra propia mortalidad es: «¿Adónde iré? ¿Qué pasará cuando me muera?» Como sacerdote zen me hacen esa pregunta muchas veces, y el budismo ofrece sobre el tema una profusión de enseñanzas. Deja que empiece contándo-te la historia de Natasha, que vino a verme durante un retiro de meditación. Estaba llorando. Su mejor amiga acababa de morir después de una larga enfermedad y quería saber si podía hacer algo por ella.

—¿Adónde ha ido? —me dijo—. ¿Cómo puedo ayudarle? ¿Qué pasa cuando muere una persona?

Entendí las incógnitas de Natasha. No hay verdad más pro-funda que estar sentado junto a la cabecera de la cama de al-guien, observando cómo exhala el último suspiro y viendo que toda su vida (su personalidad e historia enteras) desaparece de repente.

Estuve un rato sentado con Natasha antes de responder a su pregunta. Antes de decir nada quise esperar a que se asentaran las diversas lecturas de su pregunta: su propio dolor, su deseo de hacer algo por su amiga y sus interrogantes ante el misterio úl-timo de la vida.

Por fin dije:

—Al morir nos disolvemos en la luz.

Natasha me contó que al día siguiente del fallecimiento vio unos cúmulos en el cielo que flotaban sobre unas montañas le-janas, y a su amiga en esa luz. Así es como se despidió, bajo la luz de la efímera tarde.

Aunque podría haberlo hecho, no obsequié a Natasha con una enseñanza budista ni con alguna teoría abstracta de la muerte; me limité, en cambio, a ofrecerle mi propia experiencia. Muchos años antes, cuando estaba en un coma profundo, había tenido una visión detallada de un grupo de chamanes sudamericanos que, apiñados alrededor de mi cuerpo inmóvil, gesticulaban y salmodiaban celebrando una ancestral ceremonia de sanación. El más anciano de estos hombres me explicaba que estaban intentando transformarme en un pájaro a fin de liberarme y devolverme la vida, pero que para hacerlo antes tenía que morirme. Yo deseaba por encima de todo curarme y revivir, así que respondí: «Muy bien, me moriré».

En mi visión, dejé de respirar y esperé la muerte. De pronto me disolví en un haz infinito de luz, que era como el cielo de medianoche y a la vez blanco e intenso, y sumamente agradable. Así es como experimenté la muerte en la visión que tuve estando en coma.

No sé a ciencia cierta si esto es lo que pasará realmente cuando de verdad me muera. Pero sí sé que desde aquella experiencia no me preocupa nada morirme. Cuando desperté del coma, tuve la sensación de que ya sabía en qué consiste morir. La experiencia ha hecho que no sienta incertidumbre al pensar en ello. La muerte ya no me asusta. Cuando la gente me comenta que le tiene miedo y aprensión, en ocasiones cito a Stephen Levine, precursor del movimiento en favor de la creación de lugares destinados a los enfermos terminales, a quien le gustaba decir con mordacidad: «No te preocupes. Morir es totalmente seguro». Tras la experiencia vivida en mi coma creo que sé a qué se refiere, porque yo me sentí totalmente a salvo.

Hay otra manera de saber en qué consistirá la muerte llegado el momento (no sólo porque nuestro cuerpo tiene recursos que entonces se activarán y nos ayudarán), porque lo cierto es que nos morimos constantemente.

Vivir y morir a cada instante

En el budismo vivir y morir no son dos cosas distintas. Antes bien, suceden a la vez, «a cada instante», como le gustaba decir a Shunryu Suzuki. Cada vez que respiramos se repite este ciclo. Al inspirar nacemos y al exhalar morimos. Decimos que «expiramos». Finalmente llegará un día en que realmente expulsaremos el aire por última vez. Hasta entonces vivimos y morimos a cada instante. Antes me preguntaba a menudo por qué Suzuki decía «*a* cada instante» en lugar de «*en* cada instante». Creo que era porque para él ese «a» describía con más precisión el elemento físico de su experiencia, la sensación de exhalar propiamente dicha. Como él dijo: «Al exhalar te desintegras gradualmente en un lienzo en blanco. Al inspirar sin esfuerzo recuperas tu identidad de forma natural». Dijo también: «Cuando realices esta práctica, no te resultará fácil enfadarte..., lo que nos colma de alegría es exhalar y no inspirar».[18]

De modo que para un budista la muerte no es algo insólito que deba preocuparnos o asustarnos. Morir forma parte de nuestra actividad cotidiana. A nuestro alrededor las cosas cambian y mueren. Pero, aun así, al pensar en nuestra muerte final nos preguntamos: «¿Qué pasará? ¿Adónde iré?»

¿Adónde han ido?

Hay un relato clásico zen que gira en torno a la pregunta: «¿Adónde han ido?»

Baso, el maestro, y Hyakujo, el discípulo, estaban paseando por un camino rural. De repente pasó volando una bandada de ocas salvajes.

Baso señaló con el dedo y dijo:

—¿Qué son?

—Ocas salvajes —contestó Hyakujo.

—¿Adónde han ido? —preguntó Baso.

—Se han ido volando —respondió Hyakujo.

De repente el maestro alargó el brazo y pellizcó la nariz de su discípulo mientras le gritaba:

—Pero ¡si han estado aquí desde el principio!

Cuentan que Hyakujo dio en aquel momento un gran salto espiritual.

Al igual que muchas otras reveladoras historias zen, esta anécdota (muy conocida entre los estudiantes de zen) es bastante críptica y precisa alguna explicación. Baso empieza haciendo una pregunta que resulta curiosa por su sencillez: «¿Qué son?» La respuesta de Hyakujo también es convencional. Debido a la larga y estrecha relación que mantienen maestro y discípulo, sospechamos que quizá subyazca algo extraordinario bajo la superficie de estas ingenuas afirmaciones. Baso y Hyakujo eran monjes zen. Se pasaban la vida planteándose cuestiones espirituales, por lo que esta conversación trata de algo más que de ocas. De hecho, lo que Baso dice es: «Hete aquí algo de apariencia ordinaria, unas ocas que vuelan. ¿A ti qué te parece?» Y, en realidad, lo que Hyakujo responde es: «Me parece normal».

El siguiente tanteo de Baso también parece convencional. Pregunta: «¿Adónde han ido?» Pero ahora su pregunta tiene una doble intención. Está diciendo: «No me interesa adónde hayan podido ir, eso es obvio, sino qué significa que vayan y vengan en términos espirituales».

A Hyakujo le pasó desapercibida la doble intención espiritual de Baso. No se apartó de lo convencional. Se limitó a repetir lo evidente: se han ido volando.

De repente Baso alargó el brazo y le pellizcó la nariz a su discípulo. Quería que éste estuviera más atento: ¡No! ¡No te ciñas a lo convencional! Este momento es una ventana que se abre al gran misterio, el misterio de la vida y la muerte. Hace muchos años que eres monje zen. Este misterio es tu causa. ¿Qué tienes que decir al respecto en este preciso instante?

Entonces Hyakujo lo entendió. La pregunta de su maestro hacía referencia al hecho de estar aquí y luego dejar de estarlo, a la vida y la muerte en sí. Desde un punto de vista convencional nacemos, vivimos, morimos y después desaparecemos; exactamente igual que las ocas. Pero desde la perspectiva espiritual esto no es todo. Vivir y morir no consiste únicamente en estar aquí y luego dejar de estarlo. Hay una parte esencial de nosotros (la parte que yo llamo «naturaleza divina») que estaba aquí antes de que naciéramos y que estará aquí cuando muramos. No es nuestra personalidad ni nuestra individualidad; la persona que todo el mundo conoce como Lew Richmond no estaba aquí antes de 1947 y algún día desaparecerá totalmente. Pero la faceta de Lew Richmond que se asemeja a una conciencia brillante no va ni viene como tampoco va y viene el cielo azul y despejado en el que vuelan las ocas. Ese aspecto existe en un presente eterno. Y no es solamente una doctrina budista. William Blake, poeta y destacado místico europeo, lo describió como «la eternidad en una hora». Baso le estaba indicando a Hyakujo la eternidad de cada oca voladora.

Vivir y morir

En la década de 1960, durante la guerra fría, uno de sus alumnos le preguntó un día a Suzuki Roshi:

—¿Qué sería del budismo si todos los seres humanos desaparecieran del planeta Tierra?

—Seguiría existiendo —contestó Suzuki tranquilamente.

Su observación solía parecerme misteriosa, pero ahora ya no. Sumido en mi coma profundo, cuando sentí que me disolvía en la luz, tuve la sensación de que yo continuaría, no como la persona Lew Richmond, sino como luz. Era una luz agradable que me resultaba familiar, como el hogar de mi infancia. A día de hoy sigo notando que esa luz me envuelve. Creo que es la misma luz que ilumina a todo el mundo. Cuando exhalo, mi aliento se disuelve en la luz, y cuando inspiro, penetra en mí procedente de esa luz. Es algo ordinario.

Como budista creo en esto. Me parece que la razón por la que el coronel Bill y yo congeniamos es que hablábamos el mismo lenguaje del espíritu. No hizo falta contraponer budistas a baptistas.

Resultó que junto a la cabecera de la cama de su hijo había vivido la misma experiencia que Amy, mi mujer, junto a la mía. Los médicos le habían dicho que se fuese preparando; las noticias no eran buenas.

—¿Les creyó? —le pregunté al coronel Bill.

—No —contestó.

—¿Y qué hizo?

—Sostuve la mano de mi hijo y recé.

Finalizada la conferencia para supervivientes de encefalitis, todo el mundo se dirigió a su coche. El hijo del coronel Bill fue uno de los últimos en irse. Al igual que yo, se había recuperado totalmente y estaba repleto de energía. De hecho, había organizado él la conferencia.

—Adiós —le dije cuando le di la mano.

—Adiós, hermano —me dijo guiñándome el ojo.

Espero que, dondequiera que estén, el coronel Bill y su hijo estén bien. Los considero compañeros en este viaje de envejecimiento y buenos maestros del misterio de la vida y la muerte.

La llama de la vela

El budismo habla de una realidad que trasciende a la personalidad o identidad individuales, y yo la experimenté cuando me disolví en luz. Pero no fue como si la luz existiera por sí misma y yo me uniese a ella. En ningún momento fuimos dos cosas separadas.

Tenemos dos formas de describirnos a nosotros mismos. Según una de ellas, envejeceremos y moriremos, y según la otra, siempre hemos estado aquí, al igual que las ocas de Hyakujo. Para explicar esto, el budismo habla de «forma y vacío» o de «relativo y absoluto», pero yo prefiero utilizar la imagen de la llama de una vela.

Una de las maneras de ver la llama de una vela es verla siempre nueva, en constante cambio. La llama es distinta a cada instante, al igual que el aire que inspiramos a cada instante es nuevo. El viento agita la llama, la neblina la humedece, las circunstancias la cambian, de igual modo que en nuestra larga vida ocurren muchas cosas. Nuestra historia personal es única. Al nacer, la vela es alta y a medida que envejecemos se acorta cada vez más. Algún día desaparecerá.

Otra forma de ver la llama es verla como luz. A pesar de que la llama sea viva o débil, o de que la vela sea alta o corta, la luz es la misma. Arde con la misma intensidad ya sea la vela alta, mediana o corta; estemos al inicio de nuestra vida, en la mitad de ésta o cerca del final. Puede que un día nuestra luz individual se apague, pero la luz en sí continuará porque está en todas partes: en el cielo, en el sol, en las estrellas, en el universo entero. La llama de la vela individual se consume y se apaga. Muere. Pero no la luz del universo, de la que esa llama es sólo un ejemplo concreto.

Vivamos o muramos, la llama de la vela arde igual. Esa luz

es nuestra esencia más profunda, y podemos descansar en ella en cualquier momento simplemente relajándonos y entregándonos.

Reflexión contemplativa: descansar en la conciencia

EL ESPACIO DE LA CONCIENCIA

Anteriormente he comentado que en la meditación se dan dos vertientes: focalización y entendimiento. Ambas requieren esfuerzo. Pero hay, además, un tipo de contemplación que va más allá del esfuerzo. De hecho, el esfuerzo necesario para su práctica consiste en liberarnos de lo que normalmente entendemos por esfuerzo y relajarnos por completo.

En zen llamamos a esto «sentarse sin objetivo» o «ser consciente». En la tradición tibetana se denomina «descansar en la verdadera naturaleza» o «gran perfección natural». Se le llame como se le llame, es el nivel superior de meditación porque no meditamos *sobre* algo, sino que descansamos en nuestra verdadera naturaleza. Es sencillamente un estado de presencia total, en el que somos como somos.

He hablado de mi propia experiencia disolviéndome en luz, y esta práctica de «ser consciente» consiste en eso, sólo que «disolver» supone que sucede algo. Significa que primero estamos aquí y luego nos disolvemos. Y lo cierto es que no hay disolución. Ya somos conciencia propiamente dicha. Se trata únicamente de que descansemos en ella.

Como mejor se realiza esta práctica es en postura de meditación, ya sea sentado en una silla o sobre un cojín. Tradicionalmente los ojos se dejan entreabiertos. Mantenerlos abiertos significa que no nos vamos a ningún sitio ni entramos en otro estado. Ya estamos donde tenemos que estar. Los objetos, sonidos y olores que acostumbramos a percibir están bien como están.

Te será útil conectar la conciencia con la respiración el tiempo suficiente para que tu atención inunde tu cuerpo. Siente tu cuerpo en el espacio; siente el espacio rodeando tu cuerpo. Siente que el espacio *es* tu cuerpo. Tendrías que sentir como si tu respiración fuese líquida, y ese líquido fluyese por todos los recovecos de tu cuerpo, rellenándolo. En la tradición tibetana hay la instrucción de «fundir espacio y conciencia». Es una instrucción avanzada pero de claro significado. Nuestra conciencia es como el espacio, por cuanto no tiene forma ni aspecto. Tampoco tiene límites ni fronteras. Si le pides a la conciencia que llene la habitación en la que estás sentado, lo notarás en el acto; tu conciencia se hará tan grande como la habitación. Si le pides que se haga aún más grande y que incluya toda la casa o el edificio en el que estás, lo hará.

Sin embargo, la conciencia no es exactamente lo mismo que el espacio. El espacio es algo científico, como el espacio exterior o un vacío. No es una *cosa*. Es el recipiente de otras cosas. La conciencia es distinta. Está viva, consciente y despierta.

Durante el coma no percibía mi cuerpo ni que estaba en una habitación de hospital. Todos mis sentidos ordinarios habían dejado de funcionar. Pero yo estaba despierto y consciente. Estaba vivo, y, cuando los médicos escanearon mi cerebro, su aspecto era normal.

Así pues, ¿dónde estaban mi percepción y mi conciencia? Para los médicos, y para mi esposa, estaba inmóvil e inerte. Pero yo sentía que existía en el espacio de la conciencia. Para mí, espacio y conciencia se fundían, y en ese mundo soñaba y tenía visiones.

En la tradición tibetana este estado mental se denomina *bardo*, que significa «estado intermedio». Uno de los *bardos* es el mundo que hay entre la vida y la muerte. Cuando me recuperé, pregunté a maestros de esa tradición si había estado en el *bardo*, y al describírselo me dijeron que sí.

El *bardo* también hace referencia a nuestra vida cotidiana, la que transcurre entre el momento del nacimiento y de la muerte. Estés en el punto que estés, es el espacio de la conciencia. Descansa en ese espacio vivo. No intentes hacer nada con él. Entrégate a él; relájate en él; disfrútalo.

Aparecerán pensamientos; surgirán distracciones. Deja que vengan. No son más que visitantes pasajeros del espacio de la conciencia, como pequeños e inofensivos insectos o las formas que dibuja la luz sobre la pared. El espacio de la conciencia los abraza. De hecho, lo abarca todo. En él no hay exterior. No hay un «yo estoy aquí» y «el mundo está allí». En el vasto espacio de la conciencia todos los invitados son bien recibidos.

LA BONDAD BÁSICA

Cuando descansamos en la conciencia hay que hacer a cada instante el esfuerzo de dejar pasar cada cosa conforme aparezca. Si aparece un pensamiento desagradable, deja que pase. Si surge un pensamiento agradable, también. Si aparecen pensamientos del pasado, recuerda que no son más que invitados bienvenidos a la fiesta en el jardín de tu conciencia. Si aparecen pensamientos del futuro, deja que fluyan en dirección a la fiesta.

No hay que hacer nada, no hay que conseguir nada. Date permiso para sentirte completamente protegido, como me pasó a mí cuando sentí que me disolvía en luz, o al coronel Bill cuando en el furgón helado se entregó al poder superior. No hay ninguna necesidad de mejorar, ninguna necesidad de ser distinto a como ya eres. Basta con que seas como eres en este momento.

A esto me refería cuando le dije a la locutora cristiana de aquel programa de radio que los budistas rezamos en silencio para acariciar nuestra naturaleza divina. Sé que algunos budistas se resisten a la palabra «divino». Creen que se parece demasiado a Dios. Pero «divino» también puede significar simplemente «maravilloso». Es decir, que descansando en la conciencia acariciamos nuestra naturaleza divina porque la sensación que tenemos es agradable.

A Trungpa Rinpoche, uno de los primeros pioneros en traer el budismo tibetano a Occidente, le gustaba traducir los términos «naturaleza de Buda» como «bondad básica». Es una expresión que realmente me gusta.

Si en nuestra vida espiritual no hiciéramos nada más que relacionarnos con la gente fijándonos en su bondad básica, eso ya sería mucho. Descansar en la conciencia significa descansar en nuestra propia bondad básica.

LA BONDAD BÁSICA Y EL ENVEJECIMIENTO

Esta práctica no hay que hacerla únicamente porque resulte agradable. Descansar en la conciencia puede ser la práctica espiritual más profunda del envejecimiento. Recuerda la vela: a pesar de que ésta sea alta, mediana o corta, la llama de la conciencia arde con la misma intensidad. A pesar de que tengamos cuarenta, sesenta, ochenta años o más, descansar en la conciencia y acariciar nuestra naturaleza divina es una forma de ser eternamente jóvenes.

«Pero ¡si han estado ahí desde el principio!» Baso no hablaba solamente de las ocas; hablaba de ti. Has estado aquí desde el principio. Estás aquí ahora, descansando en la conciencia, y a medida que envejezcas y te debilites seguirás estando aquí.

Un maestro contemporáneo de meditación tibetana dio una vez una conferencia sobre el hecho de «estar aquí» y un alumno le preguntó:

—¿Qué pasa si alguien enferma de Alzheimer? ¿Seguirá estando aquí?

—Sus facultades mentales se deteriorarán —contestó el maestro— y su personalidad se debilitará, pero su esencia no cambiará.

Y cuando llegue el día de tu muerte, también seguirás estando aquí. Le pregunté a un buen amigo, un destacado maestro de budismo tibetano en Occidente, qué enseñaba su tradición acerca de la preparación para la muerte. Yo sabía que en su tradición había numerosas técnicas y rituales. Quería saber qué pensaba.

«Todos mis maestros me enseñaron que cuando llegue la hora lo único que tienes que hacer es descansar en la conciencia», me dijo. «No hay que hacer nada más.»

Dicho de otro modo, ejercitándote hoy, y mañana, en la práctica de «ser consciente», y de forma regular conforme avance tu vida, habrás hecho cuanto necesitas hacer para prepararte para ese momento final.

La verdad es que ese momento final no se diferenciará de éste ni de ningún otro momento. Aunque tus amigos y tu familia te vean desaparecer, lo cierto es que no te disolverás en luz. Porque ahora mismo ya eres luz. Te disolverás en luz del mismo modo que el agua se disuelve en agua. Te desvanecerás en algo que ya eres.

Ante la espontánea pregunta de qué pasa cuando morimos, Shunryu Suzuki dijo: «Tranquilo, porque no pasará nada».

Lo vi morir lentamente. Yo era joven y estaba consternado; nunca había visto a nadie apagarse lentamente. Lo asombroso es que él seguía siendo el mismo de siempre. Reía, bromeaba, paseaba por los alrededores de nuestro centro zen saludando a la gente que se le acercaba y hablaba tranquilamente cuando se tropezaba con alguno de nosotros.

Yo no paraba de pensar cuándo cambiaría, cuándo admitiría aquel horror que estaba a punto de producirse. Nunca lo hizo. Al llegar aquella última mañana, llamó a su discípulo principal. Cuando éste entró en la habitación de Suzuki, el maestro lo miró por última vez, exhaló un último y largo suspiro, y no volvió a respirar.

Eso fue todo. No sucedió nada especial, porque así es como vivió Suzuki durante toda su vida. Estaba preparado para que cada exhalación fuera la última. Por eso no tuvo miedo y valoró cada inspiración nueva que llegaba.

Eso fue lo más importante que me enseñó a mí y a todos los que lo conocimos. Durante toda mi vida he intentado seguir su ejemplo. Cuando me llegue la hora, espero poder descansar en la conciencia con su misma sencillez y tranquilidad.

11

Lo que los médicos saben

Dondequiera que mires, las investigaciones sobre el envejecimiento son noticia. Parece que todas las semanas se nos informa de alguna conclusión nueva. Algunas son útiles y otras pueden resultar confusas. Con frecuencia da la impresión de que los resultados de los estudios se contradicen entre sí. Hace poco, un equipo de investigación dirigido por el psicólogo Charles Holahan de la Universidad de Texas, en Austin, llegó a la conclusión de que las personas que beben con moderación viven, de media, más años que las que no beben. Lo realmente sorprendente fue la conclusión de que incluso los bebedores *empedernidos* viven más que los abstemios a pesar de los problemas de salud relacionados con el alcohol.[19] ¿Cómo debemos interpretar esos informes los que intentamos envejecer bien y llevar vidas sanas? Ni los propios científicos están seguros. Incluso la divulgación de los resultados fue objeto de controversia debido a la preocupación de que pudiesen contradecirse con décadas de advertencias médicas acerca de los peligros de la bebida.

Esta clase de estudios científicos examinan grupos grandes de personas y tratan de extraer patrones y datos estadísticos relevantes. Pero los médicos ven a los pacientes de uno en uno.

Para ellos cada paciente es único. ¿Qué pueden decirnos estos médicos acerca del proceso de envejecer bien?

Con el ánimo de aprender más, entrevisté a varios facultativos, entre ellos médicos de atención primaria, un especialista en medicina de rehabilitación, un fisioterapeuta, psiquiatras y psicólogos. Estos médicos no son investigadores, sino clínicos. Conocen estrechamente a sus pacientes desde hace muchos años, si no décadas. Cada uno de ellos me enseñó algo valioso sobre el proceso de envejecer; todos en conjunto me enseñaron que en el envejecimiento cada caso es un mundo.

Hombres y mujeres

Uno de los temas que me interesaba era cómo cada género experimenta el envejecimiento de forma distinta. En las entrevistas que hice tanto a hombres como a mujeres advertí ciertas diferencias, pero no sabía si eran de género o simples variantes individuales. Por ejemplo, parecía que tanto Stephanie como Christina habían aceptado sin problemas el paso del tiempo y podían hablar tranquilamente de ello; por el contrario, a Alan y a Greg les estaba costando mucho amoldarse a los cambios de la edad. ¿Es más fácil para las mujeres que para los hombres adaptarse al envejecimiento?

Cuando les planteé esta pregunta a los médicos, no dudaron en centrarse en una diferencia clara: las mujeres afrontan el envejecimiento antes y con más realismo porque pasan por la menopausia. «A la hora de asumir que se hacen mayores», me dijo uno, «las mujeres digamos que se caen por un precipicio, mientras que los hombres de la misma edad ignoran los síntomas o los notan más gradualmente».

Mientras que las mujeres menopáusicas tienen todo un abanico de síntomas totalmente evidentes y apreciables (sofocos, pérdida de densidad ósea, más que los hombres, menor resistencia, insomnio y cambios de humor), los hombres que en la cincuentena están activos y gozan de buena salud siguen sintiéndose casi igual que a los treinta y cuarenta años. Si son atléticos (como lo era Alan), intentan competir y mantenerse en forma. Pero si se exceden haciendo deporte, creyendo que aún tienen veinte años, se lesionan. Un médico me habló de un paciente suyo de cincuenta y dos años que se rompió el tobillo haciendo *bodyboard* en la playa con su hijo. En el hospital el hombre le dijo: «Doctor, por fin he entendido que ya no tengo dieciocho años». Otro paciente de mediana edad se cayó de la bici, el casco se le destrozó, y sufrió una conmoción cerebral leve. Tuvo suerte, porque esa lesión podría haberlo matado.

Un tercer paciente, para justificar su afición por participar en carreras con hombres a los que doblaba la edad, dijo: «Soy un viejo marine. Si tengo que envejecer lo haré, pero no pienso cruzarme de brazos».

Datos y humor

Otra diferencia de género es que las mujeres tienden a afrontar el envejecimiento con más humor, mientras que los hombres (superada la fase de negación) prefieren datos concretos y convincentes. Una doctora especialista en menopausia me contó que algunas de sus pacientes tienen un segundo armario lleno de ropa que ya no les va. Las mujeres que han engordado se preguntan: «¿Por qué no doy toda la ropa a esas tiendas de segunda mano de la asociación contra el cáncer?» Luego se responden a sí mismas: «Bueno, un día de estos empezaré a ir en serio al gimnasio y podré volver a ponerme toda esta ropa». Y se echan a reír.

Ante problemas como una elevada tensión arterial o el colesterol, quizás haya más hombres que mujeres que recurran a lo que un médico denominó «saga de negación». «A mi presión arterial no le pasa nada», dirá el paciente. «Anoche cené mucho, eso es todo.» O dirá: «Es que esta mañana me he tomado tres cafés justo antes de entrar en tu consulta. Ésta no es mi presión arterial real».

Un paciente (un triunfador de sesenta y pocos años) entró en la consulta de su médico con una presión arterial de 240 sobre 140. Es una hipertensión maligna fruto de la cual uno puede desplomarse y morir en cualquier momento. «Intenté explicárselo», me comentó su médico, «pero él le quitó importancia y me dijo que se encontraba estupendamente.»

Por lo que el médico cambió de táctica. Le preguntó al paciente si alguna vez había manipulado el radiador de un coche. «¡Claro que sí!», le dijo el hombre. «Ahora mismo estoy reconstruyendo un antiguo MG en mi garaje.» Entonces el médico le preguntó si había visto alguna vez cómo reventaban los manguitos de los radiadores. Cuando el paciente asintió, el médico le dijo: «Tu cerebro está lleno de esos manguitos y están todas a punto de reventar».

«Y aquello lo entendió», dijo su médico. «Su rechazo se desmoronó delante de mis ojos. Tengo un montón de trucos como ése.» En cuanto un paciente «lo entiende», empieza a tomarse el asunto como un problema que resolver, un reto que superar. «A los pacientes masculinos les gusta elaborar tablas y gráficos que reflejen sus avances», me comentó otro médico. «O tienen un programa en su teléfono inteligente que calcula el consumo de calorías y me demuestran que están ganando. Eso es estupendo, porque lo que yo quiero es que *ganen*.»

De boca de los médicos oí también que las mujeres que han superado los cincuenta y las sexagenarias suelen crear grupos de apoyo en torno a sus nuevos intereses (un grupo de lectura, de jardinería, de senderismo o de observación de aves), que asimismo pueden hacer las veces de foro en el que hablar de cuestiones y problemas relacionados con la edad, sean físicos o de otra índole. Los hombres también lo hacen (es una buena estrategia para ambos géneros), pero sus grupos tienden a estar más orientados al deporte, los pasatiempos o las aficiones. Además, por lo visto los hombres dan prioridad a sus carreras durante más años que las mujeres. Incluso aquellas que han triunfado en sus profesiones enriquecen sus vidas diversificando sus actividades desde el servicio a la comunidad, el voluntariado y la política local.

Los médicos de atención primaria con los que hablé tendían a coincidir en estos patrones comunes de género, pero todos ellos se aseguraron de recalcar que estas diferencias son generalizaciones y que los patrones de supervivencia y comportamientos individuales se solapan mucho. Los psiquiatras abordaban las diferencias de género en el envejecimiento de un modo ligeramente distinto. En comparación con los médicos de atención primaria, que ven a todos sus pacientes con regularidad tengan o no tengan problemas, los pacientes psiquiátricos tienen más tendencia a las dificultades. Un psicólogo que empleaba pruebas proyectivas como el test de Rorschach para diagnosticar y acotar los problemas de los pacientes reveló que sin nombres ni caras resulta difícil inferir el género únicamente por los resultados de los test.

«Con la cantidad de factores psicológicos que miden estas pruebas, era lógico pensar que si hombres y mujeres eran tan distintos los test lo detectarían», dijo el psicólogo. «Pero sé por experiencia que eso no es cierto. He llegado a la conclusión de que dejando a un lado estereotipos y supuestos culturales, en lo relativo a los problemas de la madurez, es más lo que une a hombres y mujeres que lo que les diferencia.»

Pérdida e identidad

Una categoría del envejecimiento que parece afectar de forma similar a ambos géneros es la relacionada con la pérdida y la identidad. A lo largo del libro hemos visto que muchas de las pérdidas inherentes al envejecimiento son irreversibles y difíciles de reparar. Al hablar de tales pérdidas la gente suele empezar diciendo: «Ya no tengo tiempo para...» o «No me queda mucho tiempo...», o «Tengo que aprovechar al máximo el tiempo que tengo». Hay algo triste y conmovedor en estas expresiones. La gente cuyos ahorros se devaluaron durante el crac de 2008, tal vez sea demasiado mayor para volver a entrar en el mercado laboral y recuperar ese dinero. El amigo íntimo o el familiar que se muere se va para siempre.

Cuando hablé con mis amigos psiquiatras sobre las pérdidas del envejecimiento, estuvieron de acuerdo en que a medida que envejecemos la pérdida de identidad suele ser la más difícil de afrontar. Siempre estamos perdiendo fragmentos de nuestra identidad. Al abandonar nuestro hogar para ir a la universidad, perdemos nuestra identidad como niños. Licenciarnos y dejar atrás a nuestros compañeros de la residencia de estudiantes también es una pérdida. Lo que pasa es que en la juventud no tenemos que esforzarnos tanto por compensar esas piezas de identidad perdidas, porque el mundo no para de traernos otras nuevas.

Nada más licenciarnos en la facultad conseguimos nuestro primer trabajo (¡o eso solía pasar antes de que en Estados Unidos hubiese un diez por ciento de desempleo!), lo que nos da una identidad nueva y arraigada que puede compensar la tristeza de haber dejado atrás la universidad. Al casarnos dejamos atrás las libertades de la soltería, pero nos embarcamos en la adquisición de una identidad nueva y excitante como personas casadas. Cuando tenemos hijos, además de nuestros otros roles, nuestra identidad se convierte en la de padres. En lo que respecta a nuestra identidad, a lo largo de la primera mitad de la vida, las pérdidas y las ganancias funcionan en tándem sin que nos demos mucha cuenta. En la juventud esperamos que el mundo nos ofrezca nuevas oportunidades y posibilidades insólitas, y a menudo lo hace; forma parte de la magia de la juventud.

Lo duro de las pérdidas que sufrimos de mayores es que no es tan fácil cerrar los agujeros que dejan en nuestra identidad. Cuando llegamos «al otro lado de la colina», tal como lo calificó un psiquiatra, el mundo no nos trae las piezas nuevas: tenemos que buscarlas nosotros mismos. Tras un divorcio no se materializa un nuevo matrimonio automáticamente. Al perder un empleo, no nos surge otro nuevo como caído del cielo. Cuando somos más jóvenes, el proceso de reparación de identidad funciona más o menos por sí solo; de mayores, esa labor depende cada vez más de nosotros.

Tal como expuse en el capítulo de la senectud, esta situación quizá sea un invento de la vida moderna. En las sociedades tradicionales, por ejemplo en las culturas amerindias y otras que todavía existen por todo el mundo, a los ancianos les otorgaban nuevos roles e identidades a medida que perdían los anteriores. Conforme los ancianos dejaban atrás sus roles productivos como sostén de la familia y las responsabilidades de la paternidad, su comunidad los animaba a convertirse en narradores de historias y cantantes, sanadores, parteras, y a asistir a los moribundos; se convertían en mentores de los adultos jóvenes, quienes a su vez asumían papeles de liderazgo. No hablamos de funciones que los mayores tuvieron que crear o inventarse; formaban parte de su vida.

¡Qué distinto es el panorama de nuestros mayores hoy en día! Conforme nos vamos acercando a la jubilación estamos bastante solos.

El doctor Houston fue psiquiatra de la Fuerza Aérea en la década de 1970, cuando el ejército apenas empezaba a darse cuenta de los problemas que el retiro suponía para los militares de carrera, fuesen hombres o mujeres. Los jubilados pasaban de una vida tremendamente estructurada a otra sin apenas estructura, por lo que los problemas subsiguientes podían ser graves: depresión, ansiedad, abuso de drogas, incluso suicidio. En consecuencia, el ejército elaboró un programa multianual de preparación a la jubilación.

Le pregunté al doctor Houston de qué manera ayuda a sus pacientes entrados en años a afrontar la jubilación. Me contestó:

Si ya se han jubilado, les pido que me cuenten cómo es una semana en su vida. ¿Qué hacen el lunes, el martes, el miércoles, etcétera? Les pregunto adónde han ido, qué han hecho, con quién han hablado. Eso me proporciona un punto de partida para empezar a hablar de lo que están haciendo bien y de lo que les falta. ¿Disfrutan realmente con lo que hacen? ¿Hay algo que siempre hayan querido hacer, como un viaje o cultivar una afición, para lo que ahora se consideren demasiado mayores? Si te tocara la lotería, les pregunto, ¿qué harías? Consigo que la gente se salga un poco de lo estipulado, que aúne todos los recursos y el entusiasmo de sus sueños y esperanzas, y que sobre eso construyan una identidad más rica con la que reponerse de las pérdidas sufridas.

El doctor Houston había llegado a la conclusión de que, aunque la gente mayor tenga que realizar por sí misma los «fatigosos retoques» para crearse una vida tras la jubilación, puede hacerlo. Lo ha visto en multitud de ocasiones. Se mostró optimista y me contó que para muchas personas los años de jubilación pueden ser los mejores de sus vidas.

Preocupaciones buenas y malas

El envejecimiento puede ser una etapa de preocupaciones cada vez mayores. En primer lugar, a medida que envejecemos tenemos más problemas y gente de la que preocuparnos: amigos, familia, hijos y toda una vida de relaciones importantes, así como la lógica preocupación eterna por la salud, el dinero y la seguridad. El simple trajín de la subsistencia y el papeleo (partes y reclamaciones al seguro, arreglos domésticos y reparaciones del vehículo, informes financieros, correspondencia, correo electrónico y la interminable cantidad de documentos para archivar) parece incrementarse cada año que pasa. Cuanto más vivimos más son los detalles de los que hay que ocuparse.

Sin embargo, no es necesario que la preocupación nos aflija. Hay un aspecto de lo que llamamos preocupación que es positivo y puede conducirnos a soluciones y al entendimiento. El doctor Eldridge me habló de las «preocupaciones sanas», inquietudes saludables que precisan respuesta. La primera, me dijo, simplemente es: ¿están cubiertas mis necesidades? Y, si no lo están, ¿por qué no? La segunda preocupación sana igualmente importante es: ¿quién controla mi destino, yo u otra persona o cosa?

Son preocupaciones, continuó diciendo el doctor, a las que deberíamos prestar atención y dar respuesta. No cubrir nuestras necesidades a la larga nos genera rabia y depresión, o ambas cosas. No es muy conveniente dejar de prestar atención a lo más elemental. Darle demasiadas vueltas y empezar a obsesionarse con ello, tampoco.

—Me da la impresión de que está hablando de un término medio —le dije.

—Sí —me contestó asintiendo—. Así es. Hay que encontrar un término medio.

El «camino medio» es una enseñanza esencial del budismo cuyo significado está lleno de matices, uno de los cuales es el sentido del equilibrio o la moderación. Buda enseñó que cualquier práctica espiritual se asemeja a la cuerda de un laúd. Si está demasiado tensa o demasiado floja, no suena bien. Su música sólo puede oírse cuando está perfectamente afinada.

El doctor Eldridge siguió explicándome que muchas de las personas a las que trata están convencidas de que sus preocupaciones no tienen solución simplemente porque no les queda suficiente tiempo para darles salida. Si durante el crac sus ahorros se devaluaron, ya son demasiado mayores para recuperarlos. Si su casa se ha abaratado, creen que morirán antes de que vuelva a subir de precio.

Cuando ante semejantes dificultades la gente se deprime y desanima tanto como para tirar la toalla, es que la cuerda del laúd está demasiado floja. Que se enfaden, inquieten o desesperen (si la cuerda del laúd está demasiado tensa) tampoco es productivo. A los que se desaniman el doctor Eldridge les alienta a hacer *algo*, por pequeño que sea. «Si tienen dificultades económicas, les pido que intenten ahorrar diez dólares al mes», me dijo.

Y si se obsesionan con el problema, sin poder pensar en nada más, el doctor Eldridge los envía de viaje; aunque ese viaje sólo consista en ir en coche hasta la playa y volver.

Mientras escuchaba al doctor Eldridge me vino a la memoria uno de mis maestros budistas, a quien le gustaba decir: «Cada respiración trae nuevas oportunidades». Enseñanza de la que se desprende un corolario no tan obvio: «Sigue respirando a toda costa».

Otros psiquiatras se sumaron al consejo del doctor Eldridge. Deberíamos dedicar el tiempo suficiente a preocuparnos en identificar un problema, pero no tanto como para empezar a darle demasiadas vueltas. Es preferible encontrar soluciones lo antes posible. «Si te preocupas demasiado durante demasiado tiempo, tu inconsciente se inquietará y creerá que hay un peligro acuciante e inminente», resumió el doctor Eldridge.

Utiliza tu preocupación a modo de radar para apuntar al blanco, pero luego dale con un arsenal de soluciones posibles. Supongamos que, por ejemplo, tienes mal una cadera. Quizás empieces a darle vueltas a tu problema y muy pronto acabes pensando: «No podré andar, no podré moverme, tendré que ir en uno de esos coches eléctricos para minusválidos, me quedaré sin fuerzas, no podré salir de casa». Te pondrás a cavilar sobre estos problemas y antes de que quieras darte cuenta tendrás ansiedad, te deprimirás y puede que acudas al psiquiatra con un problema serio.

Pero estas inquietudes son meras especulaciones. Es posible que ninguna de ellas se cumpla. Identifica el problema y acto seguido decide cómo obtendrás ayuda, cómo lo afrontarás. Eso es una preocupación sana.

Hacer equipo

Todos los psiquiatras y psicólogos con los que hablé me comentaron que a medida que nos hacemos mayores es un requisito esencial rodearnos de un equipo de personas que nos ayuden en los distintos problemas con que topemos. En la juventud tenemos aguante y energía para afrontar solos nuestros problemas. De mayores necesitamos un equipo: un buen médico, un buen contable, un buen asesor financiero, un buen fontanero, electricista, mecánico, etc. Las personas que tienen el don de crear equipo a menudo disfrutan haciéndolo; puede que al resto le cueste más, pero es necesario que lo hagan.

Al igual que hace el dueño de un pequeño negocio, busca a los posibles miembros de tu equipo, evalúa sus aptitudes e idoneidad, intégralos en él, observa cómo trabajan y no confíes en ellos a ciegas. Cuando Alan se enteró de que su amigo de facultad había muerto inesperadamente, comprendió (por primera vez en su vida, en realidad) que necesitaba ayuda. Dio voces de que buscaba un buen terapeuta y empezó a ir a uno, pero pronto tuvo la sensación de que no era una buena elección. Finalmente se decidió por un psicólogo especializado en deportistas. Para disminuir su elevada presión arterial, empezó a estudiar meditación para reducir el estrés y también empezó a ir a un acupuntor. Como entrenador de atletismo, Alan entendía instintivamente el proceso de formación de equipos, pero que él necesitara (y pudiera con éxito) crear uno que le ayudara en las necesidades de esa etapa vital fue una revelación para él.

Curiosidad y franqueza

Las primeras preguntas que en general formulé a los psicólogos y psiquiatras que entrevisté fueron: «¿Qué opinas del envejecimiento saludable? ¿Qué lo caracteriza?»

Una de las características en la que todos coincidieron fue la curiosidad. La gente que lleva bien la vejez muestra un enorme interés en lo que sucede a su alrededor. Si se van de viaje, investigan en Internet para saberlo todo sobre su destino. Si se acerca la fecha de una asamblea municipal para tomar una decisión sobre el alcantarillado, quieren informarse. Se enteran por un amigo de que han abierto un restaurante nuevo y están impacientes por ir a probarlo. Y cuando hablan de estas cosas, su voz derrocha entusiasmo y energía. Viven la vida intensamente.

La gente que no lleva tan bien la vejez suele hacer lo contrario. Su mundo tiende a reducirse, se vuelve individual y personal. Si padecen enfermedades o lesiones, les dan muchas vueltas.

Si tienen un problema, se devanan los sesos y no consiguen hablar de nada más. Se les hace una montaña viajar o probar un restaurante nuevo. Prefieren quedarse en casa viendo la tele o navegando por Internet.

Ancianos admirables

En el transcurso de mis entrevistas oí muchas veces la expresión «ancianos admirables». Son personas que parecen haber superado los obstáculos que plantea el envejecimiento. Aunque quizá tengan ochenta o noventa años, su espíritu parece eternamente joven.

En capítulos anteriores hemos conocido a dos personas (Emma y Sarah) que podríamos catalogar de ancianas admirables. Emma, la artista con artritis que venció complejos obstáculos en su salud para encontrar una forma distinta de pintar, es extraordinaria en el sentido de que se negó a dejarse abatir por los obstáculos físicos de la vejez. Sarah, si bien de físico bastante delicado a sus ciento cinco años, rebosaba de energía y tenía los ojos vivos. Daba la impresión de que adoraba cuanto veía o tocaba, desde sus delicados tapices hasta la textura de la ensalada de cuscús y tomate que comió lentamente, bocado a bocado, mientras hablaba conmigo.

Hay ancianos admirables por doquier. La mayoría de nosotros conocerá a alguno que otro (tal vez incluso a un padre, madre u otro familiar) que se haya negado a «entrar dócilmente en esa noche», como escribió Dylan Thomas. ¿Cómo lo hacen? Le hablé de Emma y Sarah al doctor Houston y le pedí su opinión. ¿Sabía qué poción secreta tomaba esa gente?

«Sí», me dijo, «de vez en cuando veo a personas así. Todas sienten una increíble curiosidad y entusiasmo por lo que pasa a su alrededor. Me dicen, por ejemplo, que van por la mitad de un libro increíble y que tienen que volver corriendo a casa para descubrir cómo termina. Incluso aunque les hables de la muerte, no tienen miedo; en todo caso, les molesta que morir pueda poner fin a todas las cosas fascinantes que hacen.»

Al final de *Alexis Zorba el griego*, la novela de Nikos Kazantzakis, un aldeano habla de las últimas palabras de Zorba, un hombre de incomparable entusiasmo y pasión por la vida.

«He hecho infinidad de cosas en la vida, pero no suficientes. Los hombres como yo deberían vivir mil años...» Éstas fueron sus últimas palabras. Entonces se incorporó, apartó las sábanas e intentó levantarse de la cama. Nos apresuramos a impedírselo..., pero él nos ahuyentó bruscamente, se levantó de un salto y fue hasta la ventana. Allí se agarró del marco, extendió la mirada hacia las lejanas montañas, abrió bien los ojos y se echó a reír, y después empezó a relinchar como un caballo. Fue así, de pie, con las uñas clavadas en el marco de la ventana, como le llegó la muerte.[20]

El personaje de Zorba podría ser el modelo de todos los ancianos admirables. Representa a todas aquellas personas de cualquier país y sociedad que desafían los pronósticos y expectativas del declive del envejecimiento con el poder de su pasión por la vida.

Reflexiones contemplativas

LO VIEJO Y LO NUEVO

Este ejercicio contemplativo se basa en la identidad; en la forma en que perdemos viejos fragmentos de nuestra identidad a medida que envejecemos, y en la oportunidad que tenemos de crear nuevas identidades que suplan lo que hemos perdido.

Puede ser un ejercicio de papel y lápiz o una reflexión mental que puedes hacer tranquilamente sentado en un ambiente relajado y donde te sientas seguro.

Empieza por preguntarte qué fragmentos de tu identidad has perdido en los últimos tres, cinco o diez años. ¿Ha sido algo físico: una lesión, una afección crónica, alguna enfermedad incipiente como, por ejemplo, hipertensión, diabetes o arritmia cardíaca?

¿Está relacionado con mi identidad laboral? ¿He perdido el empleo, no me han tenido en cuenta para un ascenso, me he jubilado recientemente o he hecho un giro en mi carrera que me aporta menos satisfacciones?

¿Tiene que ver con la identidad financiera? ¿He perdido mucho dinero en el crac de 2008? ¿Mi casa se ha devaluado? ¿He tenido que recortar mis ahorros para ayudar a un hijo con problemas económicos o a otro familiar?

¿Ha sido algo personal? ¿La muerte o la enfermedad se han llevado hace poco a un amigo? ¿Acabo de terminar una relación larga? ¿He perdido contacto con mis amistades de siempre o se han ido de la ciudad?

Haz un inventario de tus pérdidas de identidad y sintoniza con los sentimientos que las acompañan: soledad, tristeza, dolor, nostalgia, incluso rabia.

Ahora contempla la parte positiva del balance y pregúntate: durante ese mismo periodo, ¿qué aspectos nuevos de mi identidad han sustituido lo que he perdido?

¿He empezado a cultivar una afición o vocación nuevas? ¿He creado un nuevo negocio o encontrado una forma nueva de complementar mis ingresos? ¿He empezado una nueva relación? ¿Qué has hecho para subsanar las lagunas y grietas producidas por las pérdidas del envejecimiento?

Ahora, como tercer paso, imagínate que recompones tu identidad con posibilidades nuevas que aún no has probado ni llevado a la práctica. Llega tan alto y tan lejos como puedas.

Un día de retiro

12

Un día de retiro.
Preparación

El envejecimiento es una etapa para conocerte a ti mismo de otra manera (para estar receptivo a dones que en la juventud no estaban a tu alcance), afianzando una conexión más estrecha con tu vida interior. Hasta ahora este libro te ha ofrecido numerosos enfoques y métodos para hacerlo. Para lo que queda de viaje me gustaría ofrecerte uno más: el «día de retiro». Pasar un día solo en un retiro espiritual es una forma magnífica de consolidar y ahondar en todo aquello de lo que hemos hablado y en todo lo que has aprendido. Este día puede ser un regalo para los demás y también para ti mismo, y quizá sus beneficios se irradien a todas partes. Los tres capítulos siguientes te guiarán paso a paso por el proceso de planificación y ejecución de tu día de retiro.

A simple vista pasar un día contigo mismo puede que te inspire soledad, pero no es así. La vida espiritual se basa en la conexión; la conexión con uno mismo y también con los demás. Ambas son necesarias y su equilibrio cambia con el paso del tiempo. La primera mitad de la vida, la cuesta arriba, es una etapa en la que afianzamos las conexiones vitales externas (con el trabajo, la carrera, la pareja o cónyuge, los hijos, los amigos, las relaciones profesionales, la iglesia o el centro espiritual). Ese trabajo externo de conexión se convierte en una parte delimitadora de quiénes somos en cuanto a nuestra personalidad exterior. La segunda mitad de la vida (la así llamada cuesta abajo) es una etapa en la que las conexiones externas pueden fortalecerse si, fruto de nuestra reflexión sobre el significado de todo lo que hemos hecho y de la clase de persona en que nos hemos convertido y queremos seguir siendo, las acompañamos de las internas.

Tu día de retiro no será demasiado largo ni agotador; durará de nueve de la mañana a cinco de la tarde (o menos si decides que sea únicamente de media jornada). Antes esas ocho horas equivalían a una jornada laboral; un periodo de tiempo que hoy resulta excepcional, ya que cada vez son más las personas que trabajan más horas extras no remuneradas y que, debido al correo electrónico, son esclavas de semanas laborables de siete días. Sin embargo, la expresión «de nueve a cinco» sigue connotando una jornada laboral, y tu día de retiro será simplemente un tipo de trabajo diferente, distinto a la rutina habitual. A los lectores budistas que hayan participado en retiros de meditación no les extrañará este concepto. Pero los demás lectores tienen sus propias versiones familiares: una escapada de un día a un *spa*, un fin de semana de pesca, una larga caminata en solitario por la orilla del mar. La mayoría de nosotros tenemos ya versiones propias para pasar ratos alejados de la rutina de la vida cotidiana.

La rutina diaria se parece a las olas de la superficie del océano. Si no conocemos más que eso, nos perdemos la totalidad del océano. Deberíamos zambullirnos de vez en cuando. Sólo entonces podemos experimentar plenamente la apacible naturaleza de las aguas más profundas, y entender que las olas de la superficie no son más que una parte de la esencia del océano, no su totalidad.

Sin embargo, hoy más que nunca, nos limitamos a rozar la superficie de las olas. Los teléfonos móviles, los mensajes de texto, Skype y los correos electrónicos centran nuestra atención en las cosas efímeras y momentáneas. Ni yo mismo he sido inmune a ello. Mi teléfono Android va conmigo a todas partes y me avisa con diversidad de clics y tonos cuando recibo un correo electrónico, o tengo una cita o tarea que hacer. Muchos de los maestros budistas que conozco están asimismo conectados. Incluso los lamas tibetanos jóvenes están conectados electrónicamente, y se comunican por correo electrónico y mensajes de texto con los demás. Esto contrasta con los años que pasé en la década de 1970 en un monasterio, donde no había teléfonos, ni electricidad ni calefacción, y la mayoría de las maravillas técnicas que ahora nos parecen indispensables aún no se habían inventado. Y, sin embargo, nunca me he sentido tan estrechamente conectado con los demás y con mi propia vida interior como en aquella época. ¿Qué clase de mundo hemos creado que hace que nos sintamos conectados únicamente por medios electrónicos? Todos necesitamos unas vacaciones de vez en cuando. En la Europa medieval había cuarenta o cincuenta fiestas onomásticas al año. Durante esos días se aparcaba la rutina y se imponían la celebración y las prácticas religiosas. La Pascua y la Navidad son vestigios de este nutrido calendario de antaño. A los que investigan la adolescencia actual les preocupa que el constante intercambio de mensajes de texto de nuestros jóvenes pueda hacer que de adultos tengan verdaderos problemas para establecer conexiones humanas sólidas.

En un mundo como éste pasar un día de retiro puede ser una loción curativa; una forma de volver a conectar con los principios universales. Este retiro de un día de duración puede ser un buen momento para reflexionar sobre la vida que has vivido y la que te gustaría vivir.

Preparación

El primer paso preparatorio para tu día de retiro es pensar en lo que esperas obtener de él. Dado que en este retiro personal sólo estarás tú, transcurrirá dentro de los límites de tu intimidad. Nadie sabrá qué haces ni llevará la cuenta de nada. El único árbitro del éxito serás tú mismo, y el único criterio de comparación serán tus propias aspiraciones. Una advertencia para los lectores que han asistido a retiros colectivos de meditación: el retiro personal es diferente y en ciertos aspectos exige más iniciativa y esfuerzo. En un retiro grupal delegas todo en los organizadores y te limitas a dejarte llevar. Tu misión más importante es acudir.

Para planificar el retiro personal tienes que determinar tus motivaciones con anticipación, llevar a cabo los preparativos pertinentes y prometerte a ti mismo no posponerlo ni cambiar la fecha a menos que haya una razón de peso para hacerlo. Este retiro no es como una cita que puedes cancelar si surge algo más apetecible. Es una cita para pasar un día, o una mañana, con tu amigo más íntimo y querido: ¡tú mismo! No es egoísta ni egocéntrico hacer un retiro personal en aras de la conexión interna y externa.

A fin de confirmar tu intención y de mantener el entusiasmo en los días y semanas previos a tu día programado, te sugiero que unas cuantas semanas antes de la fecha dejes «*post-its* espirituales» donde necesariamente los veas (pégalos en tu ordenador, al lado de la cama o en el espejo del cuarto de baño). Durante la recuperación de mi enfermedad cerebral me apoyé mucho en las notas autoadhesivas. El proceso de curación fue largo y cada vez que me desanimaba me inventaba eslóganes alentadores y los ponía donde me fuera imposible no verlos. Uno de ellos rezaba así: «Estoy mejor que la semana pasada y la que viene estaré mejor que ahora». Otro era una especie de poema que se me ocurrió durante una visión:

> *Esto es un viaje.*
> *El viaje es un río.*
> *El río es largo.*
> *Sigue el curso del río.*

En aquel momento aquellas notas tiraron realmente de mí.

Aquí tienes otra nota estupenda. Escribe esto en una tarjeta, en un *post-it* o en un papel, y léelo en voz baja: «Este retiro personal es tanto para los demás como para mí mismo». ¿Cómo son posibles ambas cosas? Porque las conexiones externas e internas son las dos caras de la misma intimidad. Al conocernos por dentro nos abrimos al conocimiento externo de los demás.

Te recomiendo otro *post-it* que reza como sigue:

Cuando vuelva de mi día de retiro seré _____ _____ y haré esto: _____ _____ .

En mi último retiro personal rellené los espacios en blanco así: «Cuando vuelva seré más paciente, y haré una lista de mis amigos enfermos y les llamaré». Estos mensajes, colocados en sitios estratégicos, permitirán que el propósito de tu próximo día de retiro vaya gestándose y creciendo.

En cuanto fijes la fecha del mismo, interiormente ya habrá empezado. Tu mente se entretendrá visualizándolo y las intenciones de tus *post-its* germinarán.

Lecturas

Durante tu día de retiro practicarás muchas de las reflexiones contemplativas ya descritas en el libro: envejecer respiración a respiración del segundo capítulo; el paseo de gratitud del cuarto capítulo; el tiempo vertical del quinto capítulo; la oración de la bondad amorosa del séptimo capítulo; el lago en calma del octavo, y descansar en la conciencia del décimo. Aunque a lo largo del día, el método, el estilo y el contexto de estas prácticas diferirán levemente del modo en que aparecen descritas en sus respectivos capítulos, te vendrá bien leer sus descripciones y volver a familiarizarte con ellas. Es algo que puedes hacer en los días previos a tu retiro.

El lugar

Piensa dónde tendrá lugar tu retiro, si en alguna zona tranquila de tu propia casa o en la habitación de un hotel o centro turístico. Si hace buen tiempo, podrías pasar tu día de retiro al aire libre o combinar de alguna manera ambos escenarios.

Cuando hayas decidido la casa y/o paisaje de tu retiro, ten en cuenta la siguiente lista:

Acondiciona el lugar a tu gusto, con una silla cómoda y cojines, y suficiente ropa de abrigo.

Prepara comida y bebida para el transcurso del retiro. Preparar la comida con atención plena puede ser parte de tu día de retiro.

Andar forma parte de la práctica de ese día. Decide con antelación por dónde pasearás, ten quizás a mano una mochila, agua, calzado cómodo, una chaqueta y tal vez una manta para hacer una reflexión sentado al aire libre.

Un retiro típico que se haga parcialmente en casa parcialmente al aire libre podría empezar en casa con un ritual de apertura, desayuno y los primeros ejercicios contemplativos; continuar con un paseo de gratitud y una caminata en plena naturaleza, que incluya la comida; y acabar con un ritual de clausura realizado en la quietud del propio hogar o habitación.

Con independencia de cómo decidas pasar tu día a solas, debería ser en algún sitio donde puedas aislarte física, emocional y electrónicamente de las distracciones cotidianas. Eso significa que no utilizarás el teléfono móvil (salvo para emergencias), ni el correo electrónico, ni enviarás mensajes de texto ni, por supuesto, dispondrás de radio ni televisión. En sí, el envejecimiento es algo silencioso; no retransmite sus lecciones a todo volumen. Sentimos plenamente su impacto cuando a nuestro alrededor el mundo está lo bastante silencioso como para poder oír el sonido de nuestra propia respiración. En esos momentos podemos percibir el reloj interno que siempre marca la hora con exactitud; nuestra propia respiración. Ésa será una de las reflexiones contemplativas de tu día de retiro.

Material

Para tu día de retiro tal vez convendría que usaras lo siguiente:

Vela y cerillas. A mí me gusta utilizar una vela votiva porque cabe en un recipiente de cristal y no es peligroso usarla ni en el interior ni en el exterior. La vela representa la iluminación, el espíritu, la aspiración, la esperanza, lo divino y lo eterno; como símbolo espiritual es universal. La llama de la vela representa tu chispa divina.

Un jarrón y flores frescas u otras hojas verdes. No intentes colocarlas demasiado bien. Deja que se coloquen solas. Así se hacen los arreglos florales al estilo zen. Las flores representan la impermanencia, la belleza y la fragilidad; cualidades de toda cosa viviente, incluido tú. En ese sentido las flores del altar representan y reflejan tu propia belleza.

Dos cuencos. Elige dos cuencos, uno grande y otro pequeño. Estos cuencos, y los pequeños objetos que contendrán, representarán los años de tu vida (pasada, presente y futura) y el «antes» y el «después», un tema importante durante todo el día.

Objetos redondos, comestibles o no. Necesitarás alrededor de ochenta pequeños objetos redondos para representar los años de tu vida, pasada y futura. Pueden ser piedras pequeñas, monedas, botones o caramelos.

Campana. En ocasiones bromeo diciendo que no hay budista sin campana. Es cierto que los centros budistas están llenos de campanas, pero como instrumentos espirituales no son exclusivos del budismo; en muchas comunidades, las campanas de iglesia siguen siendo un sonido familiar los domingos por la mañana. En un contexto de meditación, la campana significa «ahora mismo», «presta atención», «hora de empezar», «se acabó el tiempo». Metafóricamente hablando, la campana marca el tiempo y te avisa.

Bolígrafo, papel, sobre, diario y reloj. A lo largo del día irás escribiendo cosas. Si ya tienes un diario, úsalo; de lo contrario, hazte con uno que puedas reservar para los días de retiro. (Ni que decir tiene que un ordenador portátil, una tableta y un teléfono inteligente no son herramientas adecuadas para este tipo de escritura.) Además, necesitarás dos hojas de papel que destinarás a los rituales de inicio y clausura del día. No debería ser un papel cualquiera, sino de gran calidad. Se convertirán en ofrendas de los rituales, igual que lo son la vela y las flores. Antes de empezar el día, doblarás los papeles y los introducirás en el sobre. Un reloj y quizás un temporizador te serán de suma utilidad para calcular los diversos tramos y ejercicios del día.

Ocho horas de espiritualidad

Probablemente no sea lo ideal empezar tu día de retiro a las seis de la mañana con correos electrónicos, navegando por Internet o llamando por teléfono, ni acabarlo con una velada repleta de compromisos sociales. Te organices como te organices el día, intenta asegurarte de que será tranquilo y de reflexión. Para aquellos que no podéis sacar ocho horas seguidas de tranquila reflexión, haced medio día. Tengo un lema espiritual muy prosaico que dice que algo es mejor que nada.

Una vez que hayas hecho acopio de lo necesario, estás listo para empezar.

13

Un día de retiro. La mañana

Desayuno

Empieza tu día de retiro con un desayuno a la hora programada (pongamos a las nueve), entendiendo que el acto de comer puede ser una práctica espiritual. Desde bendecir la mesa hasta un ritual monástico en regla de la comida, la ingesta de alimentos es una de las formas principales de expresión y personificación de nuestra conexión con todas las cosas vivientes. En el monasterio zen donde me formé cada comida era un ritual de conciencia y atención plena. Destapábamos un juego de cuencos envueltos en trapos, comíamos lentamente, en silencio y en postura de meditación, prestando suma atención al sabor de cada bocado. Shunryu Suzuki realizó numerosos ajustes en nuestra vida monástica para adecuarla un poco más a la norteamericana, pero en lo relativo al ritual de las comidas hacía hincapié en el sistema tradicional. Nos enseñó que el verdadero sabor de la comida nos llega cuando no hablamos, ni leemos ni nos concentramos en nada más que la comida en sí. Nunca he valorado el don de la comida tanto como durante esos años de formación.

De modo que si estás en casa y puedes estar solo en la cocina, prepárate la comida con atención plena, manipulando los alimentos cuidadosamente y moviéndote despacio. Cuando te sientes a comer, come: no hagas nada más. Hasta el alimento más sencillo es un regalo que recibes de muchísimas plantas y animales; incluso el agua y el aire son milagros en los que raras veces pensamos.

Si estás en un hotel, pide al servicio de habitaciones que te traiga el desayuno y, cuando llegue, coloca todo sobre una mesa de tal modo que cada elemento tenga su propio espacio. Si estás desayunando al aire libre, coloca la comida con el mismo cuidado. Una vez que esté todo listo, bendice con sencillez los alimentos que vas a tomar. En mi tradición budista, bendecimos así: «Veneramos los tres tesoros [al maestro, la enseñanza y a la comunidad] y damos las gracias por estos alimentos, el trabajo de tanta gente y el sacrificio de cualquier forma de vida». Si lo prefieres, puedes elegir una oración de tu propia tradición religiosa.

Párate a reflexionar: ¿cuántas miles de veces has comido en el curso de toda tu vida? ¿Con qué frecuencia has hecho un alto, solo ante los alimentos que vas a tomar, para valorarlos en toda su intensidad? El mundo ha trabajado duro para que te alimentes durante estas varias décadas. Un quinto de la población mundial empieza y acaba el día con hambre. Comiendo con atención plena nos conectamos con estas multitudes de hambrientos.

Tras el desayuno, lava los platos y límpialo todo. Convendría que dejaras ahora preparada la comida de después. Bastará con un sándwich, fruta y una botella de agua o zumo de frutas. Añade unas cuantas galletas saladas, mantequilla de cacahuete o queso para picar.

Normalmente sugiero unos cuarenta minutos en total para preparar el desayuno, desayunar, preparar la comida y recoger. Cuando acabes de recoger, deberían ser alrededor de las 09.40.

Un ritual sencillo

Cuando en mis talleres pregunto por los rituales, algunas personas dicen que no les gustan y que los rituales religiosos de su infancia les parecían artificiales o poco significativos.

Siempre animo a la gente a dejar a un lado esos recuerdos. Un ritual es una expresión directa de la vida interior, una actividad que expresa con mayor profundidad lo que no puede ser expresado en lenguaje corriente. Todos tenemos un talento natural para crear rituales; los niños lo hacen constantemente. Las canciones y movimientos que realizan cuando saltan a la cuerda (los hayan aprendido de la generación anterior o se los hayan inventado en ese momento) son un ejemplo típico. Con ese espíritu en mente, el ritual que propongo no es específicamente budista, sino un símbolo de lo que te dispones a hacer; apartarte del flujo de tu rutina cotidiana a fin de adentrarte en otro río.

Para tu ritual levantarás un altar. Necesitarás una vela, un jarrón, flores, los dos cuencos, el bolígrafo y dos hojas de papel, y los más o menos ochenta objetos pequeños y redondos.

El altar debería instalarse en un lugar apartado: en una hornacina de tu casa, encima de una mesa de la habitación del hotel o sobre una roca plana al aire libre.

Pon las flores, ramas u hojas verdes en el jarrón con agua. Coloca la vela en el altar y enciéndela. Ahora cuenta tus guijarros o caramelos (uno por cada año vivido) y deposítalos en el cuenco grande, delante de las flores y la vela. El cuenco pequeño ponlo, vacío, a la derecha del grande.

Esto da por terminada la organización del ritual, pero antes de describirte el ritual en sí quiero contarte una historia de la tradición zen que habla de los años de la vida humana.

Buda cara de sol, Buda cara de luna

El maestro zen Baso estaba enfermo. Se rumoreaba que estaba agonizando, pero nadie lo sabía con certeza. Un viejo amigo de Baso, el abad de un templo cercano, fue a hacerle una visita. Entró en la habitación del enfermo y dijo:

—¿Cómo estás?

—Buda cara de sol, Buda cara de luna —contestó Baso.

Según los textos sagrados budistas, el Buda cara de sol vivió mil años, mientras que el Buda cara de luna vivió tan sólo un día y una noche. Lo que Baso estaba diciendo era que no sabía cuánto tiempo viviría; si un día más o muchos años más.

Ésta era una de las historias edificantes predilectas de Shunryu Suzuki de la tradición zen. Suzuki nos había hablado de lo débil que él mismo era de pequeño, y de las dificultades que atravesó durante la Segunda Guerra Mundial. No se había imaginado que viviría hasta los sesenta, así que ahora, a la edad de sesenta y cinco años, con tantos seguidores jóvenes como tenía en Estados Unidos, estaba feliz. Sobre la afirmación de Baso, Suzuki comentó: «El maestro Baso disfrutó de la vida, inspiración a inspiración y momento a momento. Pasara lo que pasara, estaba preparado».

Las flores de tu altar son como los budas cara de luna. Su fragilidad las vuelve hermosas. El cuenco grande lleno de guijarros o caramelos, cada uno de los cuales representa un año de tu vida, es como el Buda cara de sol (¡has vivido muchos años ya!). Ahora levanta el cuenco pequeño vacío y reflexiona sobre lo que te queda de vida. Pregúntate cuántos años más vivirás.

¿Qué esperas tú? ¿Con qué te conformarías? Imagínate que te quedara sólo un año, o un mes, o una semana, o un día. ¿Cómo te sentirías?

Tres meses antes de morir Suzuki dijo: «Le pido a Buda que me dé diez años más por vosotros. Dentro de diez años, seréis todos unos maestros consumados y podréis continuar la labor. Rezo a Buda para que me los dé». Al cabo de tres meses se fue sin que su oración obtuviese respuesta. Pero el hecho de que Baso, Suzuki, o tú o yo podamos aceptar lo larga o corta que sea nuestra vida no significa que no la amemos ni amemos la de todos aquellos que tenemos cerca, y que no queramos que dure el máximo tiempo posible.

Los seres humanos somos así. De modo que ahora, teniendo esto en mente, cuenta uno a uno los guijarros que representan los años que esperas o crees que te quedan e introdúcelos en el cuenco pequeño. Ésta es la ofrenda que le haces a tu propio futuro como Buda cara de sol o como Buda cara de luna. Los guijarros de tus años venideros son un deseo, como el que podríamos pedir a las estrellas. Sabemos que los deseos no siempre se hacen realidad, pero contar los guijarros confiere al pensamiento un brillo estelar. Hoy es como cualquier otro día; quién sabe qué pasará mañana, pero hoy estás aquí.

El ritual de apertura continúa: coge el bolígrafo y las dos hojas de papel. En una de ellas escribe:

ENVEJECER CON CADA RESPIRACIÓN

ENVEJECER CON BONDAD AMOROSA

QUE ENVEJEZCA SIENDO BONDADOSO CONMIGO MISMO;

QUE ENVEJEZCA ACEPTANDO LAS ALEGRÍAS Y LAS PENAS;

QUE ENVEJEZCA FELIZ Y EN PAZ.

QUE ENVEJEZCAMOS...

QUE TODOS LOS SERES ENVEJEZCAN...

Y a continuación haz una lista de las reflexiones contemplativas que harás en el transcurso del día:

PASEO DE GRATITUD

DIARIO DE GRATITUD

NO HACER NADA ES HACER ALGO

EL TIEMPO VERTICAL

DESCANSAR EN LA CONCIENCIA

DISOLVER EL CÍRCULO

En la otra hoja escribe dos cosas: primero, el problema más grave que crees que tienes, y después la que sin duda es tu mayor alegría.

Mi mayor problema es _____

Mi mayor alegría es _____

Dobla los dos papeles y vuelve a introducirlos en el sobre. Si has escrito tus objetivos y expectativas del día, como te he sugerido en el capítulo anterior, mete también eso en el sobre y luego guárdatelo en el bolsillo. Su contenido te acompañará durante la jornada y al término de ésta celebrarás un ritual similar para deshacerte de él.

En un susurro o para tus adentros repite ahora tres veces la primera frase de la plegaria de aspiración a la bondad amorosa:

Que envejezca siendo bondadoso conmigo mismo.

Apaga la vela. Acaricia un pétalo de las flores o una hoja; cada uno de ellos es un Buda cara de luna. Deberían ser alrededor de las 10.00. El ritual de apertura ha finalizado.

Inspiración a inspiración

A continuación localiza una zona que será tu «hogar» de contemplación durante el día, donde puedas instalar tu silla o cojín para meditar. Si estás en casa o en un hotel, puedes ponerte cerca de tu altar. Si estás al aire libre, busca un lugar recogido bajo un árbol (así aparece Buda a menudo representado) o junto a una roca grande.

Tu primera contemplación será envejecer con cada respiración, que quizás hayas repasado durante los preparativos. La esencia de esta contemplación es, primero, que nuestra percepción del tiempo es mutable; segundo, que la respiración es nuestro reloj interno, rítmico y constante, y, tercero, que aunque experimentemos el envejecimiento de muy diversas formas, lo cierto es que sólo envejecemos inspiración a inspiración.

Hoy llevarás a cabo esta práctica con ligeras diferencias con respecto al segundo capítulo. Montar tu altar y realizar el ritual de apertura ha iniciado un proceso de recogimiento y desapego. Has dejado atrás tu mundo de rutinas cotidianas para entrar en un mundo distinto. Aparte de ser el modo como organizamos y gestionamos el tiempo, las rutinas pueden ser también nuestra forma de no tener que afrontar la sombra del tiempo: nuestra mortalidad. Si bien romper con la rutina puede ser refrescante, también puede acarrear cierta tensión o malestar. Tal vez sea demasiado categórico decir que somos «adictos» a nuestras rutinas diarias, pero no hay duda de que estamos habituados a ellas.

A mí me pasa igual. Todos los días, nada más levantarme, me preparo una tetera de té verde cultivado a la sombra. Uso un juego de té japonés que incluye un bote de madera de cerezo para el té, un tarro de cerámica japonesa artesanal, un cuenco para enfriar el agua caliente y una taza. Me he acostumbrado a la agradable sensación que me produce este ritual matutino del té y cada día lo afronto con entusiasmo. No pienso mucho en él hasta que tengo que viajar. Me despierto en la habitación de un hotel desconocido y es entonces cuando me doy cuenta de que estoy de malhumor. ¿Dónde está mi té verde? ¿Y mi tetera favorita? Tu día de retiro es como esto, una gran alteración de la rutina. Que no te extrañe sentirte un poco incómodo.

Para empezar esta meditación, toca tres veces la campana y sintoniza con tu respiración, tu reloj interno. Dura veinte minutos, durante los cuales tienes que centrarte en cada inspiración que haces. Piensa que cada inspiración es un bocado de comida. Al entrar te ofrece su sabor. Tú lo experimentas, sea cual sea. Si de pronto te acomete el impulso de bajar corriendo al Starbucks y tomarte un buen café con leche, aprecia el «sabor» de ese impulso. Si piensas: «Este retiro personal es absurdo; tengo cosas mejores que hacer», aprecia también ese sabor; inspiración a inspiración, sabor a sabor. «Cuando meditáis», solía decir Suzuki, «siempre estáis al mando de vuestras vidas.» El jefe al mando es quien ve claramente lo que sucede. El jefe vive su vida inspiración a inspiración y no le sorprende ni le escandaliza que algunos de sus empleados quieran largarse corriendo a un Starbucks. Sabe relajarse. «Veo que hoy te has salido de la rutina habitual», puede que diga riéndose entre dientes. «Bueno, si quieres puedes llamarlo día de retiro, pero, para serte sincero, el retiro en realidad son todos los demás días. Tu verdadero hogar está aquí, aquí mismo. ¡Bienvenido a casa!»

Con veinte minutos de meditación deberías volver a interiorizar la respiración como tu verdadero hogar. Cuando hayas acabado, toca la campana, haz si quieres una reverencia y levántate lentamente. Deberían ser más o menos las 10.30.

Haz un descanso. Estés donde estés, camina un poco y contempla lo que te rodea. Como solía decir uno de mis maestros de meditación cuando hacíamos un descanso: «¡No meditéis!»

Se refería a que no pienses en hacer nada especial. A ser posible no pienses en nada. Los perros y los niños, cuando exploran un sitio nuevo, no piensan mucho en ello. ¡Están demasiado ocupados explorando!

Dedica unos quince minutos a explorar como lo haría un niño. Luego siéntate cómodamente en una silla. Ya son las 10.45.

Toca la campana tres veces.

Envejecimiento Metta

Que envejezca siendo bondadoso conmigo mismo;
que envejezca aceptando las alegrías y las penas;
que envejezca feliz y en paz.

Ésta es la oración de la bondad amorosa (el término budista es «*metta*») de la que hemos hablado en el séptimo capítulo. Durante tu retiro personal recurrirás a ella varias veces a lo largo del día.

Extrae el papel en el que antes has escrito esta oración y colócalo sobre tu regazo.

Léela unas cuantas veces para tus adentros.

Cierra los ojos y comprueba si te la sabes de memoria.

Ábrelos y vuelve a leerla.

Dedica los siguientes quince minutos a recitar esta oración. Puedes hacerlo en silencio o en voz baja. Puedes hacerlo de memoria con los ojos cerrados o con los ojos abiertos, leyendo del papel.

Cada uno de los sistemas tiene su propio aroma y durante los quince minutos te insto a que pruebes los dos. Leyendo del papel de tu puño y letra, tendrás la sensación de que recibes la oración del exterior. Cerrando los ojos y recitándola de memoria, puede que te parezca que sale más bien del cuerpo, involucrando garganta y corazón.

Al terminar, toca la campana y reflexiona sobre lo que has hecho y cómo te sientes.

Aunque «tú» hayas dejado de recitar, las palabras de la oración continuarán resonando. Date tiempo para que eso suceda y, en especial, para apreciar las cualidades emocionales de las palabras «envejezca», «bondadoso», «alegrías», «penas», «feliz» y «en paz».

ENVEJECIMIENTO

BONDAD

ALEGRÍA

PENA

FELIZ

PAZ

Anótalas en tu diario, si quieres. La oración tiene sintaxis, como todas las frases, pero estas palabras clave son como los sueños: penetran muy adentro.

Retomaremos esta oración conforme avance el día. De momento deja simplemente que se asiente y repose.

Deberían ser alrededor de las 11.00. Hora del té.

El té

Si acostumbras a beber té, como yo, ahora es el momento de prepararte uno; de lo contrario, puedes optar por cualquier otra bebida. Té o café, con cafeína o sin, caliente o frío, zumo, agua, refresco; tú decides. Al igual que en el desayuno, prepáratelo con atención plena y en silencio. Limpia todo con esmero. Coge tu bebida y vuelve a tu «sitio».

No hacer nada es hacer algo

Cuando te acabes el té, levántate, lava la taza y mira a tu alrededor. Estés donde estés, y en el entorno en que estés, te pido que durante los próximos quince minutos no hagas... absolutamente nada.

No es tan fácil como parece.

¿Recuerdas la instrucción de no meditar de mi antiguo maestro de meditación? Pues este ejercicio va más allá; aquí no hay que hacer nada. No puedo explicarte cómo se hace esto, porque entonces tendrías que hacer algo. Tienes que dilucidar qué significa para ti «no hacer nada».

¿Te va bien pasear un poco? Decídelo tú, pero hagas lo que hagas, no hagas nada. ¿Puedes contemplar los cuadros de las paredes o los muebles de la habitación, o las zarzamoras y rosales silvestres que bordean el sendero? Si quieres, puedes, pero ¿eso es hacer algo? ¿Puedes dedicar un rato a contemplar los objetos de tu altar: las flores, la vela, los dos cuencos de guijarros o caramelos? Desde luego que sí, siempre y cuando no hagas nada.

Quizás este ejercicio te parezca absurdo, inútil o una pérdida de tiempo. (Expresión curiosa, ésta. En cualquier caso, ¿qué significa «perder» el tiempo?) Puede que tengas razón. Aunque así sea, ¿en qué cambia eso el ejercicio? Sigues teniendo que llenar los quince minutos con... nada. Tienes plena libertad para sentirte como te apetezca, siempre y cuando no conviertas tus sentimientos en hacer algo.

Podrías abordar el ejercicio simplemente como lo haría un niño. Los niños pequeños no tienen trabajo, responsabilidades, gente a la que llamar, citas a las que acudir ni cosas que hacer. ¿Cómo resuelven qué hacer a continuación? ¿Cómo lo resuelves *tú*? Tal vez te ayude recordar aquellas veces que estabas solo de pequeño, sin «nada» que hacer, e intentar evocar qué significaba eso y cómo te sentías.

En cuanto se acaben los quince minutos, vuelve a tu sitio. Ahora serán aproximadamente las 11.30. Toca tu campana tres veces. ¡Al fin puedes hacer algo!

Paseo de gratitud

El paseo de gratitud del cuarto capítulo es un ejercicio de observación y atención. ¿Recuerdas el monje chino que paseaba inclinando la cabeza ante todo en señal de gratitud? Ése es el espíritu de este ejercicio: considerar que cada cosa en la que te fijas te ofrece una ocasión de gratitud. Si te apetece ir anotando lo que adviertes mientras paseas, como hacen los observadores de aves, llévate el diario; de lo contrario, cuando vuelvas ya tendrás tiempo para apuntar tus observaciones.

Tus pensamientos de gratitud pueden empezar nada más ponerte de pie para salir. Levantarse, andar y moverse son en sí algo por lo que estar agradecido. Ésta fue la primera lección que aprendí cuando desperté en el hospital tras dos semanas en coma, incapaz siquiera de incorporarme o girarme en la cama. Estaba absolutamente desolado y desesperado, temía que jamás volvería a andar; hasta que vino la doctora y se mostró encantada de que pudiese mover los dedos de las manos y los pies.

«¡Estupendo!», exclamó. «No te imaginas lo bueno que es esto.»

Mi doctora acertó. No me lo imaginaba. Pero con el tiempo lo entendí, y cuando pasees por el barrio o el parque, o por la playa, o por dondequiera que decidas dar tu paseo de gratitud, repara en tu movilidad, tu capacidad de ver y oír, y de reflexionar, como los asombrosos milagros que son.

Camina entre veinte y treinta minutos, prestando atención, observando y quizás escribiendo. Cuando vuelvas, debería ser alrededor de mediodía y, ya sea en tu cabeza o en papel, deberías tener una lista hecha. Podría parecerse a esto:

ANDO; ¡EL CUERPO AÚN ME FUNCIONA!

ALTRAMUCES QUE, TENACES, FLORECEN EN OCTUBRE.

UNA URRACA SUJETA CON EL PICO UNA RAMITA PARA UN NIDO.

CIELO SOLEADO; ¡BUEN TIEMPO!

NO HE PENSADO EN EL DINERO EN TODA LA MAÑANA.

Reflexiones de gratitud

Vuelve a tu sitio, siéntate y toca la campana tres veces. Si mientras paseabas has estado escribiendo, abre tu diario y repasa lo escrito. Si has paseado sin anotar tus comentarios de gratitud, hazlo ahora.

A continuación simplemente relee tu lista, no una o dos veces, sino tres. Tómatela como un poema espontáneo. Fíjate en que al releerlo o recitarlo en voz baja adquiere una cualidad distinta a la de su mera plasmación en papel. Vuelve a leerlo; es un mensaje de ti para ti, de tu «jefe» para ti. El mensaje dice: «Así es realmente la vida cuando te tomas tiempo para prestarle atención. Las cosas más insignificantes cobran mucha relevancia. Cada día, cada hora, son así en realidad. Procura recordarlo siempre».

Al leer, repara también en que muchas de tus reflexiones de gratitud tienen que ver con cosas frágiles y efímeras: una flor mustia, una nube con forma de dragón que se disipa mientras la observas, una culebra rayada muerta en la orilla del sendero. Todo cambia, nada permanece, y la vida sigue. Ésta es la verdad que desvelará la próxima práctica de tu día de retiro.

Oración de la transitoriedad de las cosas

Sentado en tu sitio, como ya hemos hecho hace un rato, extrae el papel donde has escrito la oración Metta, y durante diez minutos recita para tus adentros o en voz baja la siguiente versión de la plegaria:

> *Que seamos bondadosos con nosotros mismos cuando todo*
> *envejezca y desaparezca;*
>
> *que aceptemos las alegrías y las penas cuando todo*
> *envejezca y desaparezca;*
>
> *que seamos felices y estemos en paz cuando todo*
> *envejezca y desaparezca.*

Observa cómo la oración cambia y se expande. Ahora no estamos diciendo «que envejezca...» en primera persona, sino «cuando todo envejezca y desaparezca». No sólo tú envejeces, con toda la peculiaridad de sentimientos que ello genera, sino que todo envejece. Lo que te pasa a ti, le pasa a todo y todos los que te rodean. Y tu aspiración no es únicamente «que *yo* sea bondadoso conmigo mismo», sino que *todo el mundo* sea así.

¿Recuerdas la enseñanza de la semilla de mostaza de Buda? Le pidió a la madre cuyo bebé había fallecido que recorriese la aldea casa por casa en busca de una que se hubiese librado de semejante dolor. La madre descubrió que todo el mundo compartía su profunda pena. El sentimiento de esta oración va en esa línea. O, como se dice popularmente, estamos todos juntos en esto.

Cuando acabes la oración Metta, toca tres veces la campana. Es la hora de comer.

14

Un día de retiro.
La tarde

Comida

Busca un lugar tranquilo, entre paredes o al aire libre, y dispón
la comida con actitud consciente. Con el paseo de gratitud todavía fresco en tu memoria, ver ante ti los alimentos debería avivar
esos mismos sentimientos de agradecimiento. Al igual que en el
desayuno, bendice los alimentos al estilo budista: «Veneramos
los tres tesoros y damos las gracias por estos alimentos, el trabajo de tanta gente y la contribución de cualquier forma de vida»,
o como estés habituado a hacerlo.

Antes de que empieces a comer, éste es un buen momento
para que te habitúes a «escuchar» tu estómago. ¿De verdad tienes hambre? Es posible. Curiosamente, los ejercicios contemplativos son arduos y abren el apetito. Durante la comida intenta
no dejar de tener presente que tu estómago es sabio. Recuerda
la expresión japonesa «un ochenta por ciento lleno» y la france-
sa que dice «no tengo más hambre». Si estás tratando de comer
menos y te cuesta sintonizar con tu estómago, puede que hoy te
sea más fácil. Pasar una mañana en silencio consciente abre los
canales energéticos y la receptividad de todo tu cuerpo.

No hacer nada... ¡otra vez!

Llevo casi treinta años conduciendo retiros de meditación, y al recordar todos esos distintos encuentros, el momento posterior a la comida es el más interesante de observar. En los retiros la gente normalmente se levanta bastante pronto, por lo que llega cansada a la hora de comer. Y nada más comer está aún más adormilada. El rato que sigue a la comida es libre y no está programado, así que la gente se va por ahí a descansar. Si el tiempo es cálido, puedes ver a algunas personas tumbadas en la hierba o sentadas bajo los árboles. Dentro de la sala de meditación, la gente se coloca su cojín debajo de la cabeza para intentar hacer la siesta. Si es una casa de retiro, la mayoría de los participantes se meten en sus habitaciones. Oficialmente está todo en silencio, y lo que yo veo es un magnífico retablo formado por un gran grupo de personas que no hace... ¡nada!

A veces me he preguntado cómo sería conducir un retiro de día entero en que el descanso de después de comer... ¡durase de la mañana a la noche! Ahora que es tu momento de descanso, te insto a que te dejes llevar y te relajes completamente. No hay nada que hacer, ningún sitio al que ir, y tu sensación ha de ser la de estar entre dos cosas. Pero ¿cuáles? Pues entre lo que ha habido antes y lo que vendrá después, naturalmente. Aunque eso vale para cada hora, minuto e instante. ¿Qué tiene de especial este paréntesis concreto que nos autoriza a dejarnos ir por completo?

Creo que es una pregunta bastante enjundiosa, pero no es necesario que te la plantees ahora. Simplemente descansa, tan plácidamente como puedas. Recuperaremos esta cualidad del «descanso plácido» en la reflexión contemplativa que dará por concluida la jornada.

Despiértate alrededor de las 12.45, vuelve a tu sitio, toca la campana tres veces, vete a tu altar y enciende la vela. Es el momento de practicar el tiempo vertical.

Tiempo vertical

Anteriormente, en la conclusión del quinto capítulo, he descrito la contemplación del tiempo vertical, por lo que tal vez te convenga ahora echarle un vistazo a esa sección. En cierto modo se trata de meditar dirigiendo la respiración, de modo que regresa a tu sitio, toca de nuevo la campana tres veces y adopta una postura de meditación que te resulte cómoda.

La práctica del tiempo vertical de hoy diferirá un poco del método descrito en páginas anteriores. Has pasado las últimas horas en silencio contemplativo: mirando, observando, percibiendo, sintiendo. ¿Cómo ha incidido eso en tu percepción temporal? Sentado tranquilamente en postura de meditación, reflexiona en tu sensación durante estas horas pasadas. ¿Tienes la impresión de que han sido sólo unas horas? ¿Se te ha hecho más largo, tienes la sensación de que el tiempo se ha alargado y dilatado? ¿De que se ha acortado, de que «el tiempo vuela», como suele decirse?

He repetido en estas páginas que el tiempo es la esencia del envejecimiento, pero ¿qué significa eso realmente? En su momento, al escribir la práctica del tiempo vertical, te pedía que te imaginaras que el pasado se extendía hacia la izquierda. Pero esta mañana hemos creado otra forma de visualizar el pasado: los guijarros, las semillas o caramelos del cuenco grande, cada uno de los cuales simboliza un año de vida. Ahora, sentado tranquilamente, evoca el momento en que contabas esas marcas de tus años y vuelve a hacerlo con la imaginación. La primera marca es tu primer año de vida, un año que casi con toda seguridad no recuerdas, pero que de algún modo es el más importante, ya que constituye el día y la hora de tu llegada a este mundo y este cuerpo. Las dos marcas siguientes son prácticamente iguales. De aquella época nada más conservas los recuerdos más desvaídos y fugaces, pero si algo sabes con certeza es que algún adulto, en la mayoría de los casos los padres, velaba por ti y te cuidaba.

Deja en tu imaginación que cada marca de los años vividos pase de tu mano al cuenco, visualizando, al hacerlo, algo destacado o algún recuerdo de ese año. Deja que vayan pasando todos, uno a uno, de la mano al cuenco, hasta que estén todos ahí; tu vida entera, ahora mismo representada en este cuerpo, sentado en este sitio en este preciso momento.

Ésta es la vida que has vivido; ésta es la edad que tienes. Es un hecho incontrovertible y veraz. Es oportuno repetir ahora la afirmación de Shunryu Suzuki: «¿Qué es más real, tus problemas o el hecho de que estés aquí y ahora? Que estés aquí y ahora es una verdad última».

Inspira varias veces, cada vez que saques el aire húndete completamente en el cojín o asiento de la silla. Es cierto; que estés aquí y ahora es una verdad última, y cada exhalación lo confirma. El ejercicio de contar mentalmente cada año de tu vida es una forma de trazar la dimensión horizontal del tiempo, pero todo eso se disuelve en el «ascenso y descenso» de cada exhalación. Con cada inspiración, la singularidad de tu historia («las cosas que pasaron por casualidad») se disuelve en la verdad última de tu presencia aquí en este momento.

En unos instantes desviarás tu atención al segundo cuenco de tu altar; el futuro que imaginas. Pero antes de hacerlo, deja que el recuerdo del pasado continúe asentándose. Generalmente llevamos el pasado y sus recuerdos a cuestas, como un saco lleno de piedras. Tendemos a arrastrar ese saco con nosotros por el umbral de cada nuevo día. Ahora, inspiración a inspiración, tienes la oportunidad de desprenderte de todo eso. (Por cierto que no siempre tienes que llevar ese saco de piedras; es tu elección a cada instante.)

Cuando estés preparado, dirige tu atención al segundo cuenco y los sentimientos que afloraron al contar las marcas anuales que ibas introduciendo en él. Vuelve a ese momento y repítelo desde la imaginación. La primera marca es el año que viene. ¿Qué pensamientos te vienen a la cabeza al meterla en el cuenco? La siguiente marca corresponde a dentro de un par de años. ¿Qué te sugiere eso? ¿Te incomoda este ejercicio? ¿Es posible que al pedirte que lo hagas sientas cierto resquemor?

¿Cuántas marcas has introducido al empezar el día? Ahora, transcurridas varias horas, ¿sigues estando de acuerdo con lo que has hecho o querrías cambiar la cantidad total? ¿Ahora pondrías menos marcas o más?

Deja que estas reflexiones vayan desfilando a medida que haces recuento de tus años venideros y, uno a uno, los introduces en el segundo cuenco. Ésta es una forma de trazar el tiempo horizontal futuro.

Cuando hayas acabado, deja que todos estos pensamientos se disuelvan y al exhalar húndete más en el cojín o asiento de tu silla. Sea cual sea la cantidad de marcas que hayas puesto, el futuro es una incógnita. Las penas y alegrías caracterizarán los años venideros que has anticipado. Tal como nos insta a hacer Suzuki, recuerda la realidad última de tu presencia aquí y ahora.

Dedica veinte o treinta minutos a alternar pasado con futuro, y respiración presente. Con la cantidad de literatura popular que hay sobre el poder del ahora y de permanecer en el momento presente, resulta tentador emitir un juicio de valor: «el tiempo horizontal es malo, el momento presente es bueno». Pero en realidad no es así. No hay bueno ni malo en nuestras experiencias pasadas, presentes y futuras. Todo eso es tu vida, forma parte de tu envejecimiento, y todo es verdad. No te estanques en el pasado ni te preocupes por el futuro. La pericia y sabiduría de este ejercicio contemplativo consiste en desarrollar flexibilidad para moverte libremente de uno a otro sin quedarte atascado.

Concluida tu meditación, toca la campana tres veces y levántate lentamente. ¿Cómo te sientes? ¿Te sientes ligeramente diferente: más viejo, más joven o más o menos igual? ¿Qué te parece ahora la cantidad de marcas del segundo cuenco, las que representan los años de la vida futura que has imaginado?

Son aproximadamente las 13.30. Apaga la vela. Es hora de dar un paseo.

Da un paseo

A Shunryu Suzuki le gustaba decir: «¡No estéis tan serios!»

Lo que quería decir era que la vida ya es bastante seria; no es necesario que lo sea más. Dirigir la atención hacia el interior requiere mucha energía. El secreto del éxito de cualquier retiro de meditación (sea de un día, una semana o un mes) es la alternancia de intensidad y distensión. El tiempo vertical es una práctica intensa, así que vete a dar un paseo para distenderte.

No es un paseo de gratitud ni de «no hacer nada». Es un simple paseo. Su objetivo es que te muevas y desprendas de toda tensión o intensidad. Encierra, además, una lección: dondequiera que vayas, llévate contigo la conciencia plena. Aunque no estés intentando concentrarte, tu jornada de actividad y reflexión meditativa te ha dejado en un estado de concentración. Andar, siempre y cuando se haga en silencio, no disipará esa concentración, sino que la dispersará por todo tu cuerpo y tus sentidos.

De modo que fíjate en si tus sentidos se han agudizado, si los colores te parecen un poco más vivos, si los sonidos parecen más fuertes, si tus movimientos parecen más fluidos. Los meditadores experimentados suelen meditar sentados durante días o incluso semanas sin levantarse mucho. En la tradición zen, alternamos periodos de estar sentado con periodos de andar, y a veces esos paseos son rápidos y enérgicos. A veces también hacemos meditación en movimiento, como el taichi. Si has recibido formación en cualquiera de las muchas tradiciones de meditación en movimiento, puedes practicarla en este rato en lugar de o además del paseo.

La meditación no es únicamente un alto en lo cotidiano; es parte integrante de lo cotidiano. Un paseo cualquiera por el parque no es sólo un paseo cualquiera. En una de las historias instructivas más célebres de la tradición zen, Joshu le preguntó a su maestro Nansen:

—¿Cuál es el camino del despertar?

A lo que Nansen respondió:

—El camino del despertar es la actividad cotidiana.

Como en muchos relatos zen, este diálogo es tan sencillo que cuesta entender su moraleja. Joshu cree que el camino del despertar ha de ser especial o secreto, algo fuera de lo corriente. Nansen nos recuerda que el camino del despertar es aquel en que nos encontramos ahora mismo. Cuando salgas a dar tu paseo recorrerás el sendero de la iluminación, porque lo cierto es que no existe ningún otro.

Gracias

Al volver, acércate a tu altar. Observa las flores y los dos cuencos. Enciende la vela. Siéntate en tu sitio en una posición relajada y coge tu diario. Lee otra vez todo lo que has escrito hasta ahora:

los comentarios sobre tu paseo de gratitud y las notas que hayas tomado a lo largo del día.

En un capítulo anterior he descrito la oración de acción de gracias en la que decías «gracias» para tus adentros y luego observabas qué pensamiento o imagen te venía a la memoria. Ahora haremos la oración a la inversa. Al lado de cada nota de gratitud de tu diario, o a continuación, escribe «gracias». Repasa toda la lista hasta que junto a todas ellas ponga esa palabra.

Ahora lee la lista en voz baja y observa de qué modo al añadir la palabra «gracias» lo escrito se convierte en una especie de ensalmo o plegaria.

En cuanto termines, saca del sobre el papel donde has escrito la oración Metta y, para tus adentros o en voz baja, lee la tercera versión de ésta:

Que todos los seres envejezcan siendo bondadosos consigo mismos;
que todos los seres envejezcan aceptando las alegrías y las penas;
que todos los seres envejezcan felices y en paz.

Haz esto durante unos diez minutos, descansa en silencio unos instantes y devuelve el papel a su sobre.

Coge tu diario y ábrelo por las últimas reflexiones que has escrito. ¿Qué te viene ahora a la cabeza? ¿Qué sensación tienes al coger la oración Metta que has empezado dirigiendo hacia ti mismo y extenderla a todo el mundo?

Puede que tengas que anotar algunas reflexiones más en el diario. Cuando lo hagas, recuerda añadir la palabra «gracias» al final de cada una de ellas.

Una vez que hayas acabado, cierra tu diario, toca tres veces la campana y apaga la vela. Deberían ser alrededor de las tres: hora del té.

El té

Prepárate la bebida que te apetezca como has hecho esta mañana y bébetela tranquilamente, concentrándote en el sabor. Recuerda la historia de De Shan, el entendido en el *Sutra del Diamante*, y la mujer que preparaba el té. La mujer le había dicho: «Las mentes pasada, presente y futura están en movimiento. ¿Con cuál de ellas se beberá esta taza de té?»

La práctica del tiempo vertical de hace un rato debería ayudarte a hacerlo mejor que De Shan, y a beber el té con confianza y placer. La cuestión es no pensar en nada en particular y beber simplemente el té del mismo modo que respiras; sorbo a sorbo.

Desde cierto punto de vista, en el tiempo que tardas en apurar tu té o tu café has envejecido quince minutos; ¡un tiempo precioso que nunca volverá! Visto de otro modo, acabas de disfrutar de tu té en el presente continuo, la «eternidad en una hora» de Blake. En ese sentido, no has envejecido nada; tan sólo estás aquí.

Descansar en la conciencia

Durante la próxima hora practicaremos la más elemental de las meditaciones: el descanso en la conciencia, como hemos descrito en el décimo capítulo. Es una práctica de relajación y aceptación total, razón por la que es a la vez la más sencilla y la más profunda de todas las meditaciones. Realizarás la práctica en tres fases: concentración, espaciosidad y entrega. Cada fase dura quince minutos y va seguida de una breve pausa. Quizá quieras usar un cronómetro que te ayude a saber cuándo termina cada periodo de quince minutos, o intentar percibir el paso del tiempo interiormente.

Como siempre, enciende la vela, toca tres veces la campana y siéntate en tu sitio en una postura de meditación cómoda con los ojos entreabiertos. Como ya sabes, la mayoría de las meditaciones constan de dos aspectos: focalización y entendimiento. Descansar en la conciencia incluye ambos. La primera fase de la práctica hará hincapié en la focalización. Tradicionalmente, para descansar en la conciencia a modo de preparación nos concentramos en la respiración.

Tal como hemos hecho con muchas de las reflexiones contemplativas, empieza por sintonizar con la respiración como una emisora de radio. La respiración consiste en inspirar, exhalar y hacer una pausa o descanso antes de la siguiente inspiración. Dedica un rato a centrar tu atención en este ritmo triple: inspira, exhala, pausa; inspira, exhala, pausa.

No es necesario que las tres fases de la respiración duren lo mismo. Cuando estás relajado, es frecuente que la inspiración sea bastante corta, la exhalación más larga y la pausa tras la exhalación rápida o breve. En lo que concierne a esta contemplación, la pausa que sigue a la exhalación es la más importante. Es una especie de expansión o espacio abierto, como un campo o una pradera. Al centrarte en la sensación que te produce asegúrate de que no la alargas ni la fuerzas. Eso generaría tensión en lo que pretende ser un proceso tranquilizador y relajante.

Quizá te sea útil pensar en la pausa tras la exhalación como una especie de fusión o «propagación» de la respiración que sale más allá de tu cuerpo hacia el espacio de la habitación o zona en la que estás sentado. Con cada respiración, relájate en la exhalación y en la pausa que sigue a ésta con una sensación de fusión o entrega. Como le gusta decir al lama Surya Das: «Déjalo ir y deja que sea». Deja ir cada respiración que te abandona, deja que el espacio que sigue sea tal cual es y deja que las inspiraciones se repitan cuando quieran.

Si ves que te distraes, imagínate que esas distracciones se disuelven en el espacio abierto que sigue a cada exhalación. Déjalas ir y deja que sean.

Cuando suene la alarma, abre poco a poco los ojos del todo, haz un par de inspiraciones profundas y empieza lentamente a moverte y desperezarte. Cuando creas que estás listo, levántate despacio, sin salir de tu sitio. Deja que la intensa sensación de tu respiración continúe fluyendo por todo tu cuerpo al levantarte. Estar así de pie, tranquilamente, es en sí un acto de meditación. Muchas tradiciones de meditación en movimiento, como el taichi, incluyen esta misma práctica de estar de pie en calma.

Al cabo de unos minutos, siéntate otra vez en postura de meditación. Estás preparado para pasar a la siguiente fase de la práctica, la «espaciosidad».

Tal como tratamos en el décimo capítulo, la percepción consciente se asemeja al espacio en su ausencia de forma y límites concretos. Tampoco tiene contenido alguno propio; antes bien, contiene y acepta cualquier contenido que entre en ella, sea un pensamiento, un sentimiento o una emoción. Sin embargo, la percepción consciente difiere del espacio físico en el sentido de que está despierta y viva: está consciente.

La respiración puede experimentarse como una especie de espacio en movimiento. La respiración, al igual que el espacio y la conciencia, tampoco tiene forma ni figura, pero puedes sentir cómo fluye al entrar y al salir, y después de exhalar se disipa en el espacio más amplio que te rodea.

Así que, ahora, al reanudar la meditación, ten presente la idea de que detrás de la respiración eres *tú* el que respira, y dale la vuelta, diciendo en cambio para tus adentros: «La respiración me está respirando a mí». Visualiza que el espacio que te rodea te expande y contrae de igual modo que un acordeonista expande y contrae el fuelle del acordeón. Imagínate a ti mismo como el recipiente pasivo de esta cosa maravillosa llamada respiración al servicio de ese mundo más amplio que te rodea.

A medida que desarrolles esta imagen y te familiarices con ella, deja que tu conciencia se centre menos en el movimiento de la respiración que entra y sale, y más en el espacio en que ésta se mueve. Comprueba lo amplio y expansivo que eres capaz de dejar que sea este espacio.

El espacio me respira a mí. Durante lo que queda de este periodo de quince minutos deja que ésta sea tu focalización contemplativa. Relájate en el espacio que te respira, y, al dejar que éste haga su trabajo, entrégate a su eficacia y poder. No es necesario que hagas nada. El espacio por sí solo hace el trabajo de expandir la conciencia más allá de la envoltura del cuerpo físico.

Cuando se acaben los quince minutos, abre una vez más los ojos del todo, desperézate sin prisas, levántate y quédate tranquilamente de pie durante cinco minutos más.

La tercera fase de esta meditación es descansar en la conciencia. Cuando te sientes y adoptes de nuevo tu postura de meditación, deja que todos los pensamientos sobre la respiración y todas las imágenes espaciales desaparezcan, y limítate a descansar en el estado del ser en que te has convertido. Despréndete de todo. No intentes meditar; no intentes concentrarte. No intentes hacer nada. En este momento no hay que hacer nada, nada que llevar a cabo, nada que conseguir. Estás completo tal como eres. Si surgen pensamientos, también éstos son completos tal como son. Si aparecen sensaciones de impaciencia o distracción, deja que vengan. También son completas.

Ésta es la entrega total. Y quizá te preguntes a *qué* te entregas. Podríamos decir que a un poder superior o supremo, pero no es necesaria esa idea. Sea lo que sea lo superior o lo supremo, ya está completo en tu interior. Tú eres ello y ello es tú. Relájate, confía y ten fe en que el poder de esta relajación, la más honda que hay, está siempre contigo, puedes apelar siempre a él y, si lo invocas, siempre acudirá a tu llamada.

Éste es tu yo superior, pero también tu yo más ordinario.

Cuando finalicen los quince minutos, abre bien los ojos, recupera suavemente el movimiento y luego levántate.

Estás completo, y la hora ha llegado a su fin.

Disolver el círculo

Puede que estés familiarizado con los minuciosos dibujos que los monjes budistas tibetanos hacen con la arena como parte de su ritual religioso. Los navajos y otros grupos amerindios también se ejercitan en esta práctica. Se pasan horas o días creando con detalle una compleja imagen con arena de colores. Pero finalizado el ritual, destruyen la imagen, juntan toda la arena en un montón y la dispersan con gran ceremonia.

Con ese mismo espíritu, cuando tu día de retiro llegue a su fin, evaluarás por última vez lo que has hecho y lo que has logrado, y luego harás que se disperse hacia el lugar del que ha venido.

Abre tu sobre y extrae tu aspiración para la jornada, la que decía:

Cuando vuelva de mi día de retiro seré _____
_____ y haré
esto: _____
_____ .

¿Qué tal te ha ido? ¿Tus esperanzas para hoy se han visto colmadas? Si no es así o si tienes la sensación de que hay más cosas por hacer, eso se convertirá en la lección del día y en una nueva aspiración; una promesa de futuro. ¿Podrás cumplirla?

Reflexiona sobre cuál era tu estado de ánimo al escribir tu aspiración y cuál es en este momento. Las cosas nunca salen exactamente con arreglo a lo previsto, pero los planes encuentran igualmente el modo de surtir efecto.

Ahora analiza lo que escribiste en el papel:

Mi mayor problema es _____

Mi mayor alegría es _____

¿Estas afirmaciones siguen siendo válidas? ¿Ha cambiado algo? En ocasiones un problema aparentemente irresoluble se vuelve más fácil tras un día de serena reflexión. Y el inventario de nuestras alegrías habituales puede crecer o cambiar en el lapso y espacio de un día de retiro. Comprueba qué te resulta válido ahora, especialmente en lo que respecta a la dimensión y las condiciones de tu envejecimiento.

El sobre con tus aspiraciones e intenciones es el dibujo de arena de tu día de retiro. Ha llegado el momento de disolverlo. Si dispones de los medios para quemarlo, hazlo, dejando que desaparezca consumido por las llamas y el humo. Si quieres hacer añicos lo que has escrito, es otra forma de hacerlo desaparecer. Te deshagas como te deshagas de los recuerdos físicos de este día, permite también que tu mente deje que se vayan. Han desempeñado su función; misión cumplida.

Frente al altar, pasa los guijarros del cuenco pequeño al grande. Tu vida pasada, presente y futura vuelve a ser una sola. Apaga la vela; toca tres veces la campana.

Tu día de retiro ha concluido.

15

Reflexiones finales

Cuando estaba en la fase final de redacción de este libro, casualmente me encontré en una cafetería con Alan y Christina. Hacía varios meses que no los veía. Acepté su invitación de sentarme con ellos y reparé en que Alan había engordado un poco y en que Christina se había cortado el pelo. Los dos estaban más serios.

Me preguntaron qué tal iba mi libro y les conté que ya casi estaba terminado y que ambos aparecían en él. «¡Vaya!», exclamó ella con fingido disgusto. «Han cambiado muchas cosas desde que hablamos.»

Durante los veinte minutos siguientes me contaron que poco después de nuestras conversaciones habían decidido acudir a terapia de pareja. «Estábamos tomando caminos diferentes», dijo Alan, «y la verdad es que no nos habíamos dado cuenta. Empezamos la terapia y lo que salió de ahí fue increíble.» Se había dado cuenta de lo mucho que le molestaba que su carrera se hubiese estancado justamente cuando la de Christina parecía despegar. Ella, desde el otro lado, veía el mismo problema. El desánimo de Alan la estaba minando y se sentía culpable de que él se resintiera por su éxito.

Entretanto la galería de Nueva York informó a Christina de

que habían decidido no aceptar su obra. Poco después de aquello hizo otra exposición local y esta vez las ventas fueron decepcionantes. «De repente los dos nos sentíamos defraudados», dijo Christina. «Ninguno tenía lo que quería.»

«¿Recuerdas esa clase para reducir el estrés a la que me apunté para mejorar mi presión arterial?», dijo Alan. «Pues bien, decidí formarme para ser profesor de reducción de estrés. Quiero especializarme en atletas que, como yo, se hacen mayores. Todos mis amigos deportistas están estresados. Se creen que tienen treinta años y llevan muy mal la cincuentena. Yo puedo ayudarles. Sé de qué pie cojean.»

Recordé lo que me había dicho mi amigo psiquiatra: «Cuando la gente llega a la segunda mitad de su vida y empieza la "cuesta abajo", el mundo ya no les proporciona una nueva identidad. Tienen que creársela ellos mismos». Eso estaba haciendo Alan en ese momento.

Y llevó a cabo su plan. Al poco tiempo empecé a ver su anuncio en la prensa local: reducción de estrés para atletas maduros. Alan había descubierto algo nuevo para sí mismo y simultáneamente un modo de devolver.

A las pocas semanas de ver a Alan y Christina recibí una llamada de Jacob, el hijo mayor de Sarah, la tejedora centenaria que te he presentado en el segundo capítulo. Había fallecido inesperadamente (si puede decirse eso de alguien con ciento cinco años) y sin sufrir mientras dormía. Había dejado sus cosas meticulosamente ordenadas. En el primer cajón de su escritorio había una carpeta en la que ponía: «En caso de fallecimiento». En ella, además de pólizas de seguros, las llaves de la caja fuerte y demás cosas necesarias, había un sobre que decía: «Funeral». Y dentro del sobre había una carta para mí, que Jacob me leyó por teléfono.

Querido Lew:

En el momento en que lea esto yo ya no estaré. He sido bendecida con una vida demasiado larga; a veces me pregunto si eso habrá sido una carga para mi familia. En cualquier caso, ya no es mi problema. He sobrevivido a tres maridos, innumerables médicos e infinidad de gatos. ¡Eso sí que tiene gracia! Y ahora ha llegado el momento de hacer una última cosa; de dar el último adiós. Nunca he sido muy partidaria de las iglesias, la mayoría son demasiado solemnes para mi gusto. Me gustan los budistas, me da la impresión de que ven las cosas con un poco más de realismo. La cuestión es que me gustaría que me hiciese un favor y oficiase mi funeral. No es que nos conozcamos mucho, pero he practicado la meditación varias veces y lo sabe todo sobre mi vida y mi arte, y creo que podría hacer esto por mí para no ocasionar a nadie más molestias de las que ya he causado.

De modo que espero que acepte. Jacob lo oficiará con usted; siempre ha sido un buen chico (¡tiene casi ochenta años!) y es muy responsable. No quiero que se complique mucho, únicamente dígale a la gente que he tenido una buena vida y que me he ido sin lamentar nada. Y cuide de mi familia; de todos ellos, incluida Sarita, mi tataranieta pequeña, que ahora mismo tiene catorce meses.

Gracias por hacer esto. En cierta ocasión me preguntó qué sentía a mis ciento cinco años, y estuve un poco cascarrabias. Bueno, pues le pido disculpas. Es usted un buen tipo y el único clérigo (o como quiera que los llamen ahora) que conozco. Esto es lo que pasa realmente a los ciento cinco años, que una tiene que escribir una carta como ésta y meterla en un sobre.

Buena suerte,
Sarah

P.D. Advertencia: tengo una familia numerosa.

Me cité con Jacob, y cuando sacó un minucioso árbol genea-
lógico en un papel del tamaño de un plano urbano, comprendí
que Sarah no había exagerado. Su familia directa, cinco generaciones sin incluir primos, ascendía a más de un centenar de personas.

Para preparar un funeral normalmente me reúno con la familia para hacerme una idea de cómo son sus relaciones, de sus necesidades emocionales y del tipo de ceremonia que prefieren. Con
la familia de Sarah no hubo ningún problema. No estaban muy
afligidos. Todos los miembros con los que hablé parecían parti-
darios de celebrar la longevidad de Sarah. Aunque les apenaba su
marcha (especialmente a sus nietos, a los que les encantaba oír
relatos de una época en la que aún había caballos por las calles y
teléfonos de manivela), estaban decididos a despedirse de ella con
el humor peculiar que Sarah derrochaba ante todo lo que hacía.

Finalmente, el funeral se organizó prácticamente solo y todos
los miembros de la familia participaron. Hubo canciones, pro-
yección de diapositivas, y galletas y pasteles hechos con recetas
de la propia Sarah. Sus tapices se colgaron a diversas alturas por
todo el frontispicio de la iglesia, cada uno con un destino: unos
cuantos para tiendas y galerías donde ella ya había expuesto, el
resto para descendientes concretos, incluidos los más pequeños.
Yo recité unas cuantas plegarias budistas y terminé con la de la
bondad amorosa, que sé que a Sarah le gustaba especialmente.
La homilía corrió a cargo de sus tres hijos, y todos sus biznietos
trajeron ofrendas de la naturaleza: una rama de pino, castañas,
una oruga en un tarro para simbolizar el amor de Sarah por la
naturaleza...

Cuando me llegó el turno de decir algo sobre Sarah, describí
nuestro encuentro, mi nerviosismo, mi pregunta absurda de qué
sentía a sus ciento cinco años, y como me mostró su casa después de perdonarme por ello.

Había tapices suyos por toda la casa. Muchos los he reconocido hoy aquí. Nos detuvimos en cada uno de ellos. Mientras los describía y me hablaba del hilo que había usado y de dónde lo habían hilado, alargaba el brazo y tocaba las piezas. Las acariciaba y jugueteaba con los flecos en sus dedos. Cada uno de esos tapices formaba parte de ella y aunque estaban acabados y les había puesto un nombre, para ella seguían vivos y frescos.

Durante la redacción de mi libro he estudiado a gente como Sarah; los llamados ancianos admirables. Lo que hace que estas personas sean admirables no es necesariamente su avanzada edad, sino su actitud indómita ante la vida. Al igual que Sarah, suelen ser muy creativas y casi siempre curiosas, siempre prestas a percibir y sentir el mundo por primera vez. Para todos nosotros es maravilloso celebrar el hecho de que Sarah viviera más tiempo del que la mayoría alcanzamos a imaginar; si bien su larga vida ha estado repleta de tragedias y alegrías a partes iguales. Pero cuando vi que Sarah acercaba el brazo para tocar el hilo con el que había creado sus obras de arte, y que hasta se ponía de puntillas para olerlas, pensé: «Apuesto a que Sarah siempre ha vivido su vida así». Para ella, todo era nuevo; el hilo, su arte, la infinidad de amores, decepciones y aventuras de su vida; todo nuevo.

Despidámonos para siempre de nuestra querida amiga Sarah, madre, abuela, bisabuela y tatarabuela, aceptando de ella estas últimas lecciones, que eran los principios que regían su vida. Cultivad una actitud de curiosidad ante todo, estad atentos y despiertos para aprender algo de cada experiencia y mantened los ojos y los oídos bien abiertos a los placeres sencillos.

Así pues, cuando este libro acabe, espero que no termine ahí y que, al igual que Sarah abordaba su arte, continúe influyendo en tu senectud, día a día e inspiración tras inspiración. Haz tuyo el principio subyacente a todo lo que hemos aprendido aquí: mantenerse consciente y despierto pase lo que pase. Muchas de nuestras virtudes y facultades menguan a medida que envejecemos, pero si ejercitamos nuestra capacidad de atención a través de las contemplaciones de estas páginas, ésta puede perseverar e incluso aumentar.

Tal como dijo Buda hace mucho tiempo: «No te lo creas porque lo has leído ni porque yo lo diga. Créetelo únicamente después de comprobar y averiguar por ti mismo que es verdad».

Agradecimientos

Mi más profundo agradecimiento a Bill Shinker, editor de Gotham Books. Ha llovido mucho desde que lanzó mi carrera de escritor hace catorce años con la publicación de *El trabajo como práctica espiritual*, y ahora ha decidido volver a publicarme. Mi más sincero agradecimiento también para Lauren Marino, jefa de redacción de Gotham, por su incansable entusiasmo y optimismo a cada paso del camino, ¡además de por ser una de mis mayores fans!

A Barbara Lowenstein, mi agente literaria, le gustó la idea del libro desde que se la planteé, y en estos tres años ha supervisado todos los aspectos y detalles del proyecto, desde mis primeras propuestas hasta los pormenores de edición y promoción de toda índole. Barbara es la clase de agente que todo escritor querría tener. No tiene reparos en ser sincera, pero siempre te apoya y cuando dice «genial» sabes que lo dice en serio.

Literariamente hablando, Doris Ober, asesora editorial *extraordinaire*, me ha cogido de la mano durante todo el proceso; primero como «doctora propuestas», ayudando a dar forma y clarificar lo que a veces era un puñado de ideas semilúcidas, y sin miedo a decir: «No entiendo lo que dices». Asimismo ha estudiado minuciosamente todas las palabras de cada capítulo, apretando por aquí, aflojando por allí, como un maestro relojero de la palabra escrita. ¡Gracias a Doris, compañera imprescindible!

Cuando le pedí a Sylvia Boorstein (maestra budista, autora de superventas y compañera de viaje durante toda una vida) que escribiera el prólogo de este libro, no se lo pensó dos veces. «¡Lo haré!», exclamó, y acto seguido añadió: «Será un placer hacerlo». Sus propias reflexiones sobre el envejecimiento dan comienzo a este libro, con elocuencia y profundidad, como es su magia. ¡Gracias, Sylvia!

El doctor Roger Walsh, profesor de psiquiatría y maestro budista, y autor de más libros y artículos de los que puedo enumerar, nos ha ofrecido una inmensa ayuda a mí y a mis lectores al publicar contemporáneamente un artículo que resumía el conjunto de las últimas investigaciones sobre el envejecimiento saludable. Sin la diligencia y rigurosidad de Roger (¡y sus citas!) este libro sería mucho más pobre.

Son muchas las personas que con su pericia y experiencia profesional han contribuido a la creación de este libro. Quiero dar especialmente las gracias a los doctores Robert Belknap y Peter Walsh, los cuales cedieron con generosidad su tiempo para compartir conmigo toda una vida de conocimientos clínicos. Entre los que me ofrecieron sus puntos de vista profesionales, se incluyen el doctor Seymour Boorstein, el lama Palden Drolma (máster en terapia matrimonial y familiar), Ruth Herron, reverendo Tony Patchell, Candyce Powell (máster en fisioterapia), reverendo Alan Senauke, doctora Grace Schireson y doctor Peter Schireson. ¡Gracias a todos!

También estoy en deuda de gratitud con el sinfín de entrevistados, estudiantes, participantes de talleres, *blogueros* y personas que me han mandado correos electrónicos, cada uno de los cuales ha añadido su aportación única a un tema que es tan universal como personal; mi agradecimiento a todos y cada uno de ellos.

Y, para terminar, quisiera darle las gracias a Amy, mi mujer. Una mañana le dije mientras desayunábamos:

—Creo que me gustaría escribir otro libro, pero no sé sobre qué tema.

—¿Qué tal sobre el envejecimiento? —contestó ella.

Los proyectos ambiciosos nacen de comienzos así de modestos.

Que todos los seres de todo el mundo sean felices.

Notas

1. Michael Cant y Rufus Johnstone, *Proceedings of the Royal Society* B (22 de diciembre de 2010), citado en «Why Women and Whales Share a Rich Post-Breeding Life», de Wynne Parry, *Live Science*, 30 de noviembre de 2010, http://www.livescience.com/9024-wo men-whales-share-rich-post-breeding-life.html. Para más información, consultar «Hipótesis de la abuela», Wikipedia, http://en. wikipedia.org/wiki/Grandmother_hypothesis.
2. William H. Thomas, *What Are Old People For* [Para qué sirve la gente mayor],(VanderWyk & Burnham, 2004), pág. 36.
3. Shunryu Suzuki, *No siempre será así* (Ediciones Oniro, Barcelona, 2003).
4. R. Walsh, «Lifestyle and mental health», *American Psychologist* (17 de enero de 2011). Publicación en línea anticipada, iod: 10.1037/a0021769.
5. Roger Walsh y Shauna L. Shapiro, «The meeting of meditative disciplines and western psychology: A mutually enriching dialogue», *American Psychologist* 61 (2006), págs. 227-239.
6. *Harvard Health Letter*, julio de 2010.
7. H.G. Koenig, M.E. McCullough y D.B. Larson, *Handbook of Religion and Health* [Manual de religión y salud], (Oxford University Press, 2001).

8. Shunryu Suzuki, *No siempre será así* (Ediciones Oniro, Barcelona, 2003).

9. Dalái Lama, *El arte de la compasión* (Luciérnaga, Barcelona, 2006).

10. F. Borgonovi, «Doing well by doing good: The relationship between formal volunteering and self-reported happiness», *Social Science and Medicine* 66 (2009), págs. 2.312-2.334.

11. S. Post y J. Niemark, *Why Good Things Happen to Good People: The Exciting New Research That Proves the Link Between Doing Good and Living a Longer, Healthier, Happier Life* [Por qué lo bueno le pasa a la gente buena: Una nueva y fascinante investigación que prueba el vínculo existente entre hacer el bien y vivir una vida más larga, sana y feliz], Broadway Books, 2007.

12. *Science News*, 17 de julio de 2010.

13. Shunryu Suzuki, *Zen Mind, Beginner's Mind* [Mente zen, Mente de principiante], John Weatherhill, Inc., 1970, pág. 112.

14. Ibíd.

15. Dalái Lama, *El corazón de la sabiduría: las enseñanzas de El sutra del corazón*, Viena Ediciones, 2005.

16. Ibíd.

17. S. Brown, R. Nesse, A. Vinokur y D. Smith, «Providing social support may be more beneficial than receiving it», *Psychological Science* 14 (2003), págs. 320-327.

18. Shunryu Suzuki, *No siempre será así*, Ediciones Oniro, Barcelona, 2003.

19. Charles J. Holahan, Kathleen K. Schutte, Penny L. Brennan, Carole K. Holahan, Bernice S. Moos y Rudolf H. Moos, «Late-life alcohol consumption and 20-year mortality», *Alcoholism: Clinical and Experimental Research* 34, n.° 11 (2010), 1961-1971, citado en John Cloud, «Why do heavy drinkers outlive nondrinkers?», *Time*, 30 de agosto de 2010, http://www.time.com/time/health/article/0,8599, 2014332,00.html.

20. Nikos Kazantzakis, *Alexis Zorba el griego*, Alianza Editorial, Madrid, 1995.